# Quinze Jours
## AU MONT-DORE.

---

**SOUVENIR DE VOYAGE.**

———

Peint et lith. par Thénot  Imp. Godard, Paris, 55 Quai des Gds Augustins.

Cascade de la Vernière

# QUINZE JOURS
## AU
# MONT-DORE.

SOUVENIR DE VOYAGE,

orné

D'une Carte et de Dessins, par THÉNOT,

INDISPENSABLE

AUX TOURISTES ET AUX BAIGNEURS,

par

HYACINTHE AUDIFFRED.

PARIS,
DAUVIN et FONTAINE, Libraires, 35, passage des Panoramas.
CLERMONT,
H. SCHREIBER, Libraire, rue Saint-Esprit.

1850

# A Théophile Gautier.

Faible témoignage de la vive sympathie d'un de ses admirateurs les plus passionnés.

H. AUDIFFRED.

# EXORDE

Très-court

## MAIS ASSEZ INSINUANT.

---

Si nous voulions suivre les simples règles de la topographie puérile mais peu honnête, nous partirions *in petto* de Clermont-Ferrand qui est le rendez-vous central et obligé de tous les visiteurs du Mont-Dore.

Ce serait tout naturel si la reconnaissance ne nous imposait pas le devoir bien doux de conduire préalablement de Vichy à Clermont les nombreux lecteurs d'un Mois a Vichy. Car si l'exactitude est la politesse des rois, la reconnaissance doit être la politesse des auteurs. C'est là une dette d'honneur, dette sacrée que nous tenons à acquitter de suite. Joyeux compagnon nous guiderons donc leurs pas à travers les cailloux et les épines des chemins, pour mieux leur en laisser savourer les beautés et les fleurs parfumées.

Loin de courir à grande vitesse nous voyagerons ensemble à petites journées, heureux après avoir butiné comme l'abeille, de rentrer le soir avec une ample moisson de souvenirs. Oh! les promenades, les flâneries si agréables de l'artiste, combien de charmes et de jouissances ne procurent-elles pas?

Retournons à l'adresse de ces bonnes âmes qui les prennent naïvement encore pour du temps perdu, le spirituel aphorisme de Brillat-Savarin : « Les animaux se repais-
« sent, l'homme mange, l'homme d'esprit
« seul sait manger. »

Et disons-leur, non sans quelque dédain:

Les bêtes marchent, le Béotien voyage, l'homme de goût seul sait voyager !

# GANNAT.

### L'ÉGLISE.—LA CHAPELLE SAINTE-PROCULE.

On peut se rendre de Vichy au Mont-Dore de plusieurs manières, à pied, à cheval, en diligence ou en chaise de poste. Nous conseillons surtout ce dernier moyen de transport aux Anglais et aux princes Russes, tous gens pressés comme des courriers de cabinet.

Bientôt on pourra prendre le chemin de fer du Centre qui conduira jusqu'à Clermont.

On promet même *incessamment* un service régulier en ballon, breveté sans garantie du gouvernement, entreprise Green et compagnie.

Mais en attendant, les diligences sont encore le moyen le plus facile et le plus usité.

Bien que la route de Vichy à Gannat n'ait rien de bien agréable, elle est intéressante à plus d'un titre, car c'est dans son parcours assez accidenté que l'on aperçoit pour la première fois, baigné dans un océan de lumières, le sommet du Puy-de-Dôme qui se revêt de mille teintes capricieuses. Ce sujet si légitime de votre impatiente admiration ne vous empêchera pas de remarquer, en passant, le château de M. le comte de Montlaur dont les tourelles cachées chastement sous un voile de verdure, précèdent de quelques instants le petit village de Cognat. Le calme qui règne dans cette tranquille contrée ne donnerait guère à croire que le laboureur y trace des sillons abreuvés du sang des Catholiques, que les Protestants battirent complétement dans ces mêmes plaines le 6 janvier 1568.

Bientôt après on arrive à Gannat, c'est la dernière ville du Bourbonnais que l'on rencontre de ce côté. Arrêtons nous y quelques instants.

Aux vestiges des remparts reliés ensemble par des tours dont plusieurs sont encore debout, on devine aisément que cette ville jadis fortifiée a joué un rôle dans l'histoire. L'ancien château situé dans la partie haute de la ville, appartenait jadis à la puissante famille d'Effiat, il sert actuellement de prison. C'est avec l'église Sainte-Croix ce qu'il y a de plus curieux à voir.

Cet édifice ancien n'offre extérieurement rien de remarquable si ce n'est son clocher couronné par une plate-forme carrée. L'intérieur est orné de quelques tableaux, dont un surtout est justement estimé, il est attribué à Guido Reni. C'est une *Adoration des*

*Bergers* qui renferme des parties très-belles, largement peintes et d'une grande vigueur de coloris.

En quittant l'église, si on dirige ses pas vers le beau champ de foire qui se trouve à la partie sud de la ville, on aperçoit le château de la Fauconnière qui appartient à l'ancienne famille de Fontanges.

A gauche de ce château se trouve la chapelle de Sainte-Procule patronne de la ville de Gannat, dont la fête se célèbre le 9 juillet de chaque année. C'est à l'endroit même où la chapelle a été élevée, que cette vierge et martyre dont les reliques ont été déposées à Rhodez, eut la tête tranchée par Saint-Gérant son inflexible fiancé. Elle jouit dans tous les pays environnants d'une très-grande vénération. Aussi, les maçons de la Creuse qui chaque année vont faire leur tour de France, ne manquent pas de venir l'implorer. Quelques-uns même, par excès de piété sans doute, se feraient un scrupule de partir sans emporter une parcelle de la porte de la bienheureuse chapelle. C'est, munis de ce pieux larcin transformé par leur ferveur en un précieux talisman, qu'ils se hasardent à courir le monde.

Si pour le touriste ordinaire la curiosité est épuisée, il n'en n'est pas de même pour l'archéologue et l'antiquaire. Ils ne sauraient quitter Gannat sans avoir visité le cabinet de curiosités collectionné par un homme de savoir et de goût, M. Giat, membre de la société pour la conservation des monuments historiques de France.

# AIGUEPERSE.

LA BUTTE MONTPENSIER. — LE CHANCELIER LHOS-
PITAL. — LES TABLEAUX DE L'ÉGLISE.

―――――◆―――――

La distance qui sépare Gannat d'Aigueperse est une véritable promenade que nous
conseillons de faire à pied pour peu qu'on
ait bon appétit et bonnes jambes. En sortant
de Gannat on suit une belle route ombragée
de noyers, à gauche de laquelle se trouve la
Fontaine Méphytique. On la nomme ainsi,
non pas parce qu'elle empoisonne, comme
on l'a prétendu à tort, mais parce que la
grande quantité de gaz acide carbonique
qui s'en dégage asphyxie les petits oiseaux

qui ont été assez imprudents pour aller s'y désaltérer.

Une véritable surprise vous attend en arrivant à la maison Notre-Dame, car de ce point culminant voisin de la butte Montpensier où s'élevait jadis un château fort détruit par les ordres de Richelieu, et où s'exploitent maintenant des carrières de plâtres, se déroule comme par enchantement le magnifique bassin de la Limagne auquel les chaînes du Puy-de-Dôme et du Forez servent de vastes rebords.

Vous quittez à regret cet observatoire pour descendre en dix minutes à Aigueperse qui tire son nom de l'étymologie latine *aquæ sparsæ* à cause des sources qui surgissent de toutes parts. C'est une curieuse petite ville groupée principalement autour d'une très-belle rue. Le premier objet digne d'attention que l'on y rencontre est la sainte Chapelle bâtie sur une petite place à gauche. Elle fut érigée en 1475 en l'honneur de la Sainte-Vierge, et sous l'invocation de Saint-Louis, roi de France, par Louis de Bourbon qui y est enterré. L'intérieur est d'une grande simplicité ; aux deux côtés de l'autel sont les statues en marbre blanc rehaussées d'or de la Sainte-Vierge et de Saint-Louis. Elles ont subi quelques mutilations, et paraissent remonter à la fondation de la chapelle.

Plus bas à droite, dans la même rue, se trouve un ancien couvent des Ursulines construit en 1650, dont on a fait l'hôtel-de-ville actuel. C'est dans une de ses salles que les habitans d'Aigueperse, dans un bel accès de zèle maladroit, n'ont pas craint d'enfermer, comme dans une serre chaude, la statue du célèbre chancelier Lhospital, leur compatriote. La grande figure historique de ce nouveau Caton, qu'à son air grave et à sa barbe blanche, on prendrait au dire de Brantôme pour Saint-Jérôme, a été reproduite dans des proportions monumentales par un sculpteur de talent M. Debay. Elle parait très-peu à l'aise sous ces voûtes étroites, et semble demander de l'air; espérons qu'on finira par lui en donner.

Un peu plus bas à gauche, toujours dans la même rue est l'église paroissiale Notre-Dame qui dépendait autrefois d'une abbaye de Sainte-Claire, et dont la consécration fut faite en 1250 par Robert de Latour, évêque de Clermont. Elle est remarquable à plus d'un titre, car le chœur dont les voûtes sont soutenues par des colonnes disposées semi-circulairement, et qui sont d'un gracieux effet, paraissent être de cette époque, tandis que la nef est moderne puisqu'elle a été rebâtie en 1730.

Elle renferme deux tableaux anciens méritant une attention toute particulière.

Le premier, dont le sujet est *St-Sébastien*, est attribué à Murillo. Le saint [Martyr est représenté debout attaché au fût d'une colonne et percé de flèches, il jette vers le ciel un regard où brillent la foi et l'espérance. Sa figure pleine d'une expression de douleur résignée forme un admirable contraste avec les types cruellement ignobles des archers. Ce tableau est fatigué, mais très-beau de dessin; les figures des archers sont peintes avec une minutie de détails digne du pinceau d'Holbein.

Quant au second de ces tableaux, c'est évidemment une œuvre de l'école d'Albert Durer, quoiqu'il ait été attribué par de très-bons esprits à Ghirlandajo, le maître de Michel-Ange. Il est peint sur panneau et représente la *Naissance du Christ*. L'éclat de son coloris, la naïveté de son style et son bel état de conservation en font un sujet précieux d'études.

Il y a bien encore une grande toile moderne, le *Christ au tombeau*, qui fait triste figure auprès de ses deux aînés. On aurait vraiment tort d'être difficile pour le juger, car c'est, dit-on, une réclame électorale datant de Louis-Philippe.

# RIOM.

LA SAINTE - CHAPELLE. — L'HORLOGE. — SAINT-AMABLE.—NOTRE-DAME DU MARTHURET.

En sortant d'Aigueperse, on aperçoit à droite sur la hauteur à demi caché dans un bouquet de bois, le château de la Roche où naquit en 1505 le chancelier Lhospital, et et qui, dit-on, appartient encore à sa famille.

La route n'offre rien de remarquable d'Aigueperse à Riom, que l'on ne tarde pas à découvrir sur une éminence, dernière vague expirante de cette mer orageuse et volcanisée des montagnes d'Auvergne qui menacent d'envahir la paisible plaine de la Limagne. Le Palais de Justice, la Maison-Centrale, les Dômes des clochers donnent à cette ville un singulier aspect, qui n'a cependant rien d'oriental ainsi qu'on l'a prétendu. Il y a loin de cette sombre cité que la lugubre pierre de Volvic rend bien plus triste qu'Angers, surnommé pourtant la ville noire, aux blanches murailles d'une ville asiatique, dont les minarets à la pointe dorée s'élancent audacieusement dans les airs comme des flèches d'ivoire.

Les rues sont en général larges et bien percées, on y rencontre plusieurs maisons ornées de sculptures anciennes du XVI⁰ siècle. Des fontaines jaillissantes et des châteaux d'eau embellissent la plupart de ses places.

Si le Palais de Justice est le monument le plus important pour Riom où siège une cour d'appel, il est loin d'en être le plus beau. Mais en revanche, la sainte Chapelle qui en dépend est un joli échantillon de l'architecture du XIV° siècle, qui a été construite par le premier duc d'Auvergne, Jean II de France, sous l'invocation de Saint-Louis. Ses admirables verrières qui datent du XV° siècle sont sans contredit les plus belles qu'il y ait en Auvergne. Il règne autour de cet édifice une galerie d'où l'on découvre un immense panorama. Au couchant sont les premières montagnes de l'Auvergne couvertes de vignobles parsemés de petites maisons de campagne, tandis qu'au levant se déroule le splendide fouillis de terres, de bois et de maisons qui se nomme la Limagne, à laquelle les montagnes du Forez pâlissantes à l'horizon servent de limites.

L'horloge est un monument très-bien conservé de l'époque de la Renaissance (1593). On y retrouve toute la grâce et la légèreté de l'architecture italienne que la famille des Médicis avait alors importée en France. C'est une tour octogone surmontée d'un dôme que supportent des colonnes d'ordre Corinthien, et autour duquel s'élancent des aigles et des chimères. Ses fenêtres sculptées et ses arabesques qui ornent la façade sont d'un goût délicieux.

De l'horloge à l'église Saint-Amable il n'y a pas loin. Elle est très-remarquable à cause de son ancienneté, car la nef paraît être du commencement du XI<sup>e</sup> siècle, tandis que le chœur est certainement plus moderne. L'entrée principale qui donne sur la place en face de la fontaine, est on ne peut plus disgracieuse et jure horriblement avec le reste de l'édifice qui est surmonté, nous rougissons de le dire, d'un affreux polygone tronqué, d'une lourdeur désespérante qui ressemble bien plus à une enclume qu'à une flèche.

Le maître-autel est beau, seulement il est fâcheux que les deux anges en marbre blanc prient dans des attitudes si maniérées qu'ils sentent leur rococo d'une lieue.

Parmi les tableaux qui ornent cette église, nous en avons trouvé un de M. Dubufe : *le Christ apaisant la tempête*. Il nous a passablement surpris, car quoi qu'il soit loin d'être un chef-d'œuvre, il nous a un peu réconcilié avec la peinture vaporeuse et de crême fouettée dont il a fort heureusement à lui seul le monopole.

Le plus remarquable de tous est sans contredit le tableau qui se trouve sur l'autel d'une des chapelles de droite et qu'on attribue à Restout le père. Il représente la découverte et la *translation des corps de Saint-Gervais et Saint-Protais,* sous l'invocation desquels avait été bâtie cette église de Riom, avant que Saint-Amable ne vînt donner son nom à la basilique qui remplaça celle des saints Martyrs de Milan. En 1386, Saint-Ambroise fit transporter ces restes sacrés en grande pompe, dans l'église Ambrosienne. Ce tableau dont le dessin et le coloris sont également beaux est une des meilleures productions de l'école Française du siècle dernier.

Nous ne quittâmes point Saint-Amable sans avoir pieusement fléchi le genou devant la châsse en argent de son saint Patron, renommé par ses miracles qui tiennent réellement du merveilleux et dont la fête se célèbre au mois de juin.

Notre-Dame du Marthuret située dans une autre partie de la ville a été construite en 1308. C'est une église à voir ne fût-ce que pour la petite statue en pierre de Volvic de la Vierge qui est sous la voûte du portail. Marie regarde Jésus qui tient un oiseau, avec une ineffable expression de candeur et d'amour. C'est tout l'amour d'une mère, mais l'amour maternel divinisé.

Cette église possède trois tableaux remarquables.

Une *descente de Croix* par M. Valbrun et un tableau ancien, *l'adoration des Mages* qui joint à la beauté du coloris toute la suavité de formes de l'école Italienne.

Mais c'est surtout vers le grand tableau de M. Muller : *l'entrée de Jésus-Christ dans Jérusalem* que doit se porter l'attention des visiteurs. La grâce et la fantaisie, qualités qui distinguent si éminemment M. Muller, apparaissent déjà dans cette œuvre de sa jeunesse. Il régne dans toute cette foule d'hommes et de jeunes femmes accueillant de leur gracieux sourires le Sauveur du Monde, un air véritable de grandeur, de fête et de joie, que vient encore rehausser un luxe de couleur dont Paul Véronèse ne désavouerait pas l'éclat scintillant. Il y a bien quelques groupes qui se ressentent un peu trop de l'arrangement, et de la pose de l'atelier, mais c'est là l'écueil inévitable de tous les jeunes peintres amoureux de l'effet.

Après avoir visité la jolie promenade du pré Madame, d'où l'on jouit d'une vue admirable, nous quittâmes Riom, l'antique séjour des premiers ducs d'Auvergne et la patrie de Grégoire de Tours ; jetant un dernier regard d'adieu à cette aristocratique cité qui paresseusement assise aux pieds des hautes montagnes de l'Auvergne, semble regarder du haut de sa grandeur la magne, sa belle tributaire humblement prosternée à ses genoux.

Non loin de Riom sont les curieuses ruines du monastère de Mauzat, qui fut fondé, dit-on, au commencement du VI<sup>e</sup> siècle, et celles du vieux manoir féodal de Tournoël. Nous ne saurions trop les recommander à l'attention des touristes.

# CLERMONT-FERRAND.

LA CATHÉDRALE.—NOTRE-DAME DU PORT.—LES PLACES PUBLIQUES. — LA STATUE DE DESAIX. —LA FONTAINE SAINTE-ALLYRE.

A la sortie de Riom on arrive en côtoyant les montagnes à un coude de la route, d'où se présente un nouveau paysage. On aperçoit alors le Puy-de-Dôme, et à droite le village de Château-Gay perché pittoresquement sur la crête d'un côteau.

Bientôt après on découvre en avant de

Clermont qui se dessine vaguement dans le lointain le clocher de Montferrand, qui est pour ainsi dire un des faubourgs de la ville à laquelle il a été réuni en 1731. Cette sentinelle avancée bâtie sur une éminence ne manque pas d'une certaine originalité, c'était autrefois un point fortifié, relié actuellement à Clermont par un beau boulevard.

Cette grande ville qui compte près de 40,000 habitants est située dans une admirable position. Bâtie sur un monticule à l'entrée d'un vallon semi-circulaire formé par les imposantes montagnes de l'Auvergne, en face de la Limagne dont la richesse semble réaliser les merveilles de la terre promise, Clermont offre un coup-d'œil magnifique. Il est impossible de ne pas être impressionné par la beauté de ce site gracieux et sauvage à la fois, et à l'aspect de cette sombre cathédrale qui se détache vigoureusement en noir sur le blanc douteux de ses maisons, dont les toits en tuiles creuses rouges ont le cachet tout italien qu'on retrouve dans toutes les villes méridionales de la France.

De grands souvenirs historiques se rattachent à cette antique cité qui sous la domination romaine s'appelait *Augusti Nemetum*. Jules César fut vaincu par Vercingetorix près de Clermont, à un endroit que l'on appelle encore *Gergovia*, élévation sur le plateau de laquelle les Gaulois avaient bâti une enceinte continue.

Ce fut au concile tenu à Clermont que le pape Urbain II prêcha la première croisade et fut accueilli par les cris unanimes de *Diex el volt!*

Clermont a joué un grand rôle dans l'histoire d'Auvergne dont il était la capitale, pendant les différentes phases qui conduisirent de la conquête Romaine aux Visigoths et aux Francs, puis aux Comtes et Dauphins de cette province qui devint Anglaise en partie sous la troisième race, et jusqu'à sa réunion avec le royaume de France.

Quoiqu'elle ait perdu de son ancienne splendeur, cette ville n'en est pas moins une des plus belles de France, illustrée par Sidoine Appollinaire et Grégoire de Tours. Elle eut de plus la gloire de donner le jour à Pascal, et à Delille; et d'être le tombeau Massillon.

La cathédrale est sans contredit le plus curieux et le plus important des monuments de Clermont, quoiqu'elle soit restée inachevée. Sa fondation remonte au V$^e$ siècle, mais détruite plusieurs fois, elle fut recommencée en dernier lieu par Hugues de Latour, évêque de Clermont.

Il est fâcheux que cet édifice ne soit pas dégagé surtout du côté du chœur, son effet extérieur en souffre beaucoup.

De belles rosaces ornent les entrées latérales, celle de gauche est enrichie de statues et de sculptures, c'est du même côté que se trouve la tourelle la plus élevée dont le curieux clocher à jour est d'un si joli effet.

Entrons maintenant ensemble dans l'intérieur de l'église. Il est difficile d'imaginer rien de plus gracieusement élancé que la grande nef, dont les nervures de pierres aux vives arêtes semblent jaillir dans les airs avec une hardiesse qui donne le vertige.—Le chœur autour duquel tournent des ogives d'une grande légèreté, le maître-autel tout resplendissant de dorures, les magnifiques vitraux du chœur du XIII° siècle, ainsi que ceux de la nef qui datent du XVI°, forment avec le luxe d'ornementation des chapelles latérales un ensemble d'une rare magnificence.

Le style gothique fleuri qui y étale ses merveilles dans toute leur pureté, est d'autant plus curieux qu'il y règne en maître absolu, car il ne laisse aucune trace du style Byzantin généralement usité en Auvergne. L'horloge à personnages de la nef de gauche rappelle les pièces du même genre si communes en Flandre.

Pourquoi faut-il que la chaire à prêcher et les boiseries du chœur d'une lourdeur si désespérante fassent une si étrange disparate avec les autres ornements de l'église? Combien nous préférons pour notre part les charmants petits confessionnaux un peu vermoulus qui semblent se cacher comme deux pauvres honteux dans les recoins de la vaste Basilique !

Nous ne parlons des tableaux que pour mémoire, il n'y en a qu'un seul de passable, c'est celui qui est sur l'autel de la Vierge. Mais nous recommandons à toute l'attention des visiteurs le curieux monument de l'art du XIV° siècle qu'on vient de mettre à découvert dans la sacristie. C'est une grande et belle fresque très-habilement exécutée qui représente le Christ en croix avec la Ste-Vierge et St-Jean aux pieds de la croix.

La maison où naquit Pascal en 1623, se trouve sur la place, d'où l'on aperçoit un peu plus haut à droite un amas confus de maisons d'un vilain aspect. Il paraît que c'est dans « cette masse informe et sans beauté » que se trouve le théâtre.

L'église Notre-Dame du Port pour être moins importante que la cathédrale n'en n'est pas moins très-curieuse, car elle date de 560 et renferme de précieux débris du style Byzantin; elle fut saccagée par les Normands, et reconstruite en 866. Mais son principal attrait consiste dans la renommée miraculeuse dont jouit depuis nombre de siècles la statue de la Vierge qui est placée dans la crypte ou chapelle souterraine bâtie sous le chœur de l'église ordinaire. On y pénètre par deux escaliers latéraux. Elle est soutenue par de fortes colonnes de marbre rougeâtre, et ornée de peintures modernes dans le style Byzantin, dont les devises en lettres d'or brillent sur un fond d'azur.

Il était à peine six heures du matin lorsque nous y pénétrâmes. La faible lueur de deux flambeaux pâlissant sous la lumière naissante du jour, éclairait seule la cérémonie de la messe basse, qui sous ces voûtes encore sombres d'où s'échappaient les prières mystérieuses des fidèles agenouillés, nous pénétra d'un saint recueillement.

De cette église il n'y a que deux pas à la place Dellile anciennement des Jacobines. Elle est ornée d'une jolie fontaine en pierres de Volvic qui date de Louis XII. La légèreté capricieuse de ce morceau de sculpture qui remonte aux premiers temps de la Renaissance est vraiment charmante.

En se dirigeant de ce point vers la place de Jaude, montez sur la place de la Poterne qui est ombragée de si beaux arbres. De ce point l'œil plonge avec délices sur les riches côteaux de vignes dont les Clermontois sont si fiers, vert tapis tout moucheté de blanches villas s'étalant joyeusement au soleil comme les bastides Marseillaises. C'est certainement de cette place que l'illustre auteur d'Atala, a ainsi décrit la Limagne par une belle soirée d'été.

« Les blés mûrs, ressemblaient, dit-il, à
« une grève immense, d'un sable plus ou
« moins blond. L'ombre des nuages parse-
« mait cette plage jaune de taches obscu-
« res, comme des couches de limon ou des
« bancs d'algues : vous eussiez cru voir le
« fond d'une mer dont les flots venaient de
« se retirer......

« A mesure que le soleil descendait à
« l'Occident, l'ombre coulait et envahissait
« la plaine. Bientôt le soleil a disparu ; mais
« baissant toujours et marchant derrière
« les montagnes de l'Ouest, il a rencontré
« quelque défilé débouchant sur la Lima-
« gne ; précipités à travers cette ouverture,
« ses rayons ont soudain coupé l'uniforme
« obscurité de la plaine par un fleuve d'or.
« Les monts qui bordent la Limagne au

« Levant retenaient encore la lumière sur
« leur cîme ; la ligne que ces monts tra-
« çaient dans l'air se brisait en arc dont la
« partie convexe était tournée vers la terre.
« Tous ces arcs se liant les uns aux autres
« par les extrémités, imitaient à l'horizon
« la sinuosité d'une guirlande, ou les fes-
« festons de ces draperies que l'on suspend
« aux murs d'un palais avec des roses de
« bronze. Les montagnes du Levant dessi-
« nées de la sorte, et peintes, comme je
« l'ai dit, des reflets du soleil opposé, res-
« semblaient à un rideau de moire bleue et
« pourpre, lointaine et dernière décoration
« du pompeux spectacle que la Limagne
» étalait à mes yeux (1). »

La place de Jaude est de toutes celles de Clermont la plus fréquentée, car elle sert de point de ralliement à toutes les voitures publiques pour le Nord, le Midi et surtout pour le Mont-Dore, aussi bien

(1) Châteaubriand 5 jours à Clermont.

qu'aux guides et aux voitures particulières pour le Puy-de-Dôme. Aussi y est-on assailli d'offres de service de toutes parts. C'est dans son voisinage plein d'animation que se trouvent les principaux hôtels, entre autres le bel hôtel de France.

Le Puy-de-Dôme et les autres montagnes ses voisines sur l'une desquelles se dressent les ruines pittoresques du château féodal de Mont-Rognon forment un beau fond de tableau à cette place qui n'a aucun ornement si ce n'est la statue eu bronze du brave général Desaix.

La statue est belle, mais que dire de son piédestal sur lequel se lisent les inscriptions suivantes ? Nous ne pouvons résister au plaisir de les figurer ici, pour l'édification des visiteurs, et de l'édilité Clermontoise dont certainement la religion aura été surprise.

Sur une des faces est écrit :

ARMÉE
D'
ÉGYPTE

Sur une autre face :

ARMÉE
D'
ITALIE (sic).

Croit-on que si le héros martyr de Marengo pouvait sortir de son glorieux linceuil, il souffrirait longtemps de si rudes apostrophes ?

C'est encore de la place de Jaude que les cicerone Auvergnats offrent de vous conduire à la fontaine Ste-Allyre.

La fontaine pétrifiante de Ste-Allyre qui se trouve dans un des faubourgs de Clermont mérite la peine d'être vue. Elle fut honorée en 1566 de la visite du roi Charles IX, de sanglante mémoire. Son eau ferrugineuse chargée de carbonate de chaux, couvre d'un sédiment calcaire une foule de petits objets, tels que fruits, œufs, corbeilles ou médaillons que l'on vend au candide étranger sous le nom de pétrification, bien qu'elle ne soit qu'artificielle.

Allez le soir vous promener sur le cours des Sablons et disposez-vous à visiter le lendemain le Puy-de-Dôme, et la vallée de Royat et de Fontanat.

# LE PUY-DE-DOME.

### ROYAT ET FONTANAT.

L'ascension au Puy-de-Dôme qui est élevé de 1468 mètres au-dessus du niveau de la mer, est l'affaire capitale des curieux qui visitent l'Auvergne. Comme nous voulions jouir du lever du soleil nous partîmes en voiture à trois heures du matin. La nuit alors à son déclin, belle comme une belle nuit d'Espagne, était si transparente qu'elle annonçait une de ces journées dont l'espoir seul donne des ailes aux touristes.

A mesure que nous montions, laissant derrière nous les vignes et les arbres, pour entrer dans les régions volcaniques, nous aspirions avec délices les émanations embaumées de la fraîche brise du matin. Au moment où nous allions atteindre le hameau *de la Baraque*, d'où notre voiture devait nous conduire au pied même du pic, l'aurore se leva plus fraîche et plus riante qu'une jeune fiancée. A son apparition, les étoiles pâlissantes s'enfuirent comme des colombes effarouchées de leur royaume aérien, dont allait s'emparer le soleil qui annonçait déjà sa venue par une teinte rougeâtre du côté de l'Orient.

Bientôt nous mîmes pied à terre pour commencer l'ascension qui est des plus pittoresques. A nos pieds, Clermont s'éveillait gaiment tandis qu'autour de nous se découvrait un horizon immense et étrange, où se dessinaient de mystérieuses clartés.

Le sentier que nous suivions tracé en zigzag nous initiait à chaque instant à de nouveaux points de vue. Mais dans notre impatience nous quittâmes ce chemin tortueux pour attaquer notre ennemi en face, en suivant, au milieu d'un lit épais de bruyères et de fleurs, une ligne droite qui nous permît d'arriver plus promptement sur le sommet du plateau. Grâce à cette ardeur qui nous obligea à nous servir de temps en temps de nos mains pour ne pas glisser, le reste du chemin dégénéra en une véritable course au clocher, dans laquelle nous étions toujours devancés par une jeune parisienne légère et nerveuse comme un écureuil.

Notre premier soin en arrivant fut de nous envelopper de nos manteaux et de nous asseoir sur l'épaisse moquette parfumée que nous foulions aux pieds, pour jouir d'un des plus étonnants spectacles qu'il soit donné à l'homme d'admirer.

L'immensité du panorama éclairé peu à

peu par le disque enflammé du soleil nous révélait à chaque instant de nouvelles surprises. La nature encore endormie semblait s'éveiller sous sa vivifiante influence. Les cônes tronqués des volcans éteints, les pics des montagnes, les masses imposantes des forêts adossées à leurs flancs et les ruines des tours féodales, vieilles sentinelles perdues jetées sur leur crête, resplendissaient peu à peu sous ses puissants rayons.

Les plans légèrement vaporeux de la vaste plaine de la Limagne devinrent plus distincts et s'illuminèrent bientôt aussi, après avoir passé par toutes les gradations de lumières si recherchées par les peintres. Ces transitions si harmonieuses tenaient de la magie, car cette nature inanimée tout à l'heure, venait de recevoir une fois encore des baisers de son éternel amant, le triple feu de la vie, de la jeunesse et de l'amour.

La grandeur de ce tableau, notre isolement, le calme solemnel qui régnait autour de nous pénétrèrent notre cœur d'admiration et de reconnaissance pour le créateur de tant de merveilles.

En face de nous s'étalaient à nos pieds, la vallée de Royat et de Fontanat, Clermont d'où l'œil s'égare sur toutes les richesses de la Limagne bornées par les montagnes du Bourbonnais et du Forez.

A droite, après les puys de Laschamp et de Monchié et une série de cônes volcaniques, nous apercevions les groupes des monts Dores dominés encore par les hautes montagnes du Cantal. Tandis qu'à gauche apparaissaient des groupes de volcans aux formes coniques parmi lesquels on distingue le *Puy de Pariou* et celui des *Goules* et un peu plus à gauche le *Puy de Côme*, avec son double cratère, puis à l'horizon les plaines de la Creuze et de la Corrèze.

Après avoir visité les restes de la chapelle de St-Barnabé, ancienne dépendance du prieuré de St-Robert de Montferrand, nous dîmes un dernier adieu à toutes ces splendeurs. Si notre ascension avait été un peu pénible, la descente en revanche fut des plus gaies, il nous suffit pour l'opérer de nous laisser glisser sur l'épais gazon qui couvrait la montagne. Cette curieuse manière de voyager qui rappelle les montagnes Russes n'offre aucun danger, car on est toujours maître de s'arrêter en s'accrochant aux bruyères ou aux herbes sur lesquelles on se glisse rapidement. Cette course matinale n'était que le premier acte de notre journée, car rentrés à Clermont pour déjeûner, nous en repartîmes après pour Royat et Fontanat.

Le pélerinage de Royat est si facile qu'il faut bien se garder d'avouer qu'on est allé à Clermont sans avoir visité Royat, c'est une promenade qui se fait en une demi heure à peine. Encore le chemin pour arriver jusqu'aux bains qui sont sur le bord de la route ne paraît-il pas long, qu'on le fasse à pied ou en voiture, car il est agréablement orné de restaurants de parcs et de villas élégantes qui rappellent un peu la banlieue de Paris.

C'est, il faut en convenir, un singulier spectacle que Royat avec ses maisons capricieusement bâties sur la lave du volcan, le Gravenoire, dont on aperçoit la cime, son église gothique, ses fontaines et ses moulins resserrés dans une gorge étroite et humide plus fraîche que celle de Tempé, et puissamment ombragée par des châtaigniers dont la vigueur majestueuse ne le cède en rien à ceux qui s'élancent sur la rive Savoisienne du lac Léman. Il y a peu de mines aussi fécondes pour les peintres de paysages.

S'il prenait fantaisie de faire abattre la forêt de Fontainebleau qui est si chère aux artistes, ce serait parmi eux un concert d'imprécations universelles. Ils crieraient au blasphème, au crime de lèse-nature contre une de ses mille et une merveilles. Que diraient-ils donc si la délicieuse vallée de Royat allait disparaître? Il faudrait dire un éternel adieu à ses beaux ombrages sous lesquels s'étale une végétation luxuriante rafraîchie par cette myriade de cascades dont l'harmonieux bruissement sert d'accompagnement obligé aux notes perlées des oiseaux qui se jouent dans les branches. Il faudrait donc renoncer à admirer cette charmante grotte au sept jets d'eau, asile capricieusement taillé sous la lave volcanique, aux prismes tapissés de mousses, de fleurs et de verdure, rendue si célèbre par les chants des poètes!

Que Dieu nous garde d'un pareil cataclysme!

On a souvent comparé Royat à Tivoli, si cher à Horace, cependant ses alentours sont loin d'avoir cette teinte chaude dont les siècles ont seuls le mystérieux privilége de créer les tons. Vous trouvez certainement à Royat le bruit des cascades, la fraîcheur des ombrages, mais non pas la magie des souvenirs qui se rattachent à ce doux Tibur, à la villa de Mécènes et aux grottes de Neptune et des Syrènes, souvenirs à jamais poétisés, que le soleil d'Italie vient encore réchauffer de ses rayons!

Après avoir gravi le *Puy Chateix* qui s'élève au-dessus de Royat et qui tire son nom d'un château bâti par les ducs d'Aquitaine et brûlé en 761 par Pépin, nous quittâmes bientôt cette montagne d'où l'on jouit d'une très-jolie vue pour nous diriger vers Fontanat.

C'est à travers de riantes prairies, arrosées par les ruisseaux qui prennent naissance au-dessus de Fontanat, que nous arrivâmes au village. Sans être aussi curieux que Royat, il est néanmoins plein d'animation, grâce au grand nombre de chûtes d'eau jaillissant de la roche noire, et animant tous ces moulins si primitifs, si pittoresques et si babillards qui ne se taisent qu'à Clermont.

Lorsque nous eûmes jeté un coup-d'œil sur les ruines du château de Montrodeix bâti par les ducs d'Aquitaine, et qui fut détruit en 761 par Pépin, nous songeâmes au retour par le même chemin. Il ne fut pas sans charme, car nous revîmes en sens inverse toutes les beautés que la nature a si capricieusement su accumuler dans ce coin de l'Auvergne.

## IL Y A

# MONT-DORE ET MONT-D'OR.

### FANTAISIE GRAMMATICALE.

Avant de dire adieu à Clermont, à sa cathédrale et à sa fameuse pâte d'abricots, qui laisse bien loin derrière elle le sucre de pommes de Rouen, nous éprouvons le besoin d'éclaircir préalablement un point important, c'est celui de l'orthographe du mot *Dore*. Devons-nous écrire Mont-d'Or avec une apostrophe, ou Mont-Dore sans apostrophe et avec un E. *It's the question*, comme disent nos voisins d'outre-Manche. Il y a de fort bonnes raisons pour les deux manières. Sous le rapport purement historique, le mot d'Or, écrit ainsi pourrait bien avoir raison, si l'on en croit quelques étymologistes. Cependant des esprits chagrins, anges des ténèbres sans doute, s'obstinent à écrire Dore.

Mais ceci n'est qu'un côté de la question, restent encore l'usage, et cette petite divinité capricieuse et maligne, divinité adorable pourtant, que l'on nomme la Fantaisie.

Quant à l'usage, le plus généralement adopté donne raison à l'orthographe *Dore*.

Et au point de vue de la fantaisie donc?

la discussion n'est guère soutenable. Voyons un peu : En écrivant *d'Or*, vous rappelez ce vil métal Californien que Scribe traite de chimère (ce qui par parenthèse ne l'empêche pas d'avoir cent mille francs de rente).

Aussi sur ce point vous auriez beau parler d'or, que l'on ne vous écouterait pas, fussiez-vous St-Jean-Bouche-d'Or.

Au lieu qu'avec l'orthographe Dore que nous croyons être la vraie, quels gracieux souvenirs n'évoquez-vous pas avec ses gentils dérivés ? N'est-ce pas le mont *Dore* que le soleil *dore* de son premier et de son dernier rayon, car il l'*adore* tellement qu'il ne peut se résoudre à le quitter. En douteriez-vous ? Demandez plutôt à Lazarille, non pas, mais demandez à la *Dore* qui s'échappe toute joyeuse de son sein. Si vous fouilliez bien les mystérieux ombrages de la vallée, vous y trouveriez peut-être encore quelques Dorades jouant avec les Sylvains et les Faunes.

Regardez encore, sous ce berceau de sorbiers aux grappes dorées, et de fleurs doucement balancées par le zéphyre, quel est ce beau Marquis dont les tendres soupirs semblent si fortement toucher cette bergère au minois agaçant et au nez si gentiment retroussé? Serait-ce le gros Danval, ce financier libertin, encensant grossièrement sa divinité d'opéra?—Eh! non, vous n'y êtes pas, c'est cent fois mieux, c'est Dorante, le brillant amoureux de la comédie Française qui conte fleurette à sa camarade Dorine, la gentille soubrette.

Décidément *Dore*, mon ami, votre procès est bien près d'être gagné, s'il ne l'est déjà.

Eh! puis sous le rapport géographique et politique, il faut éviter aussi les quiproquos autant que possible. Ce serait bien une autre affaire si le Mont-d'Or, près Lyon, qui n'a pour lui que son nom et ses fromages, venait à crier à l'usurpation et sortait vainqueur de la lutte. Il pourrait dans la joie de son triomphe, insulter au vaincu, en parodiant d'un air narquois ce vers de la fable du Renard et du Corbeau :

« Cette leçon vaut bien un fromage sans doute. »

Qu'on se le dise ! Pour éviter un pareil conflit, si toutes' ces raisons, bonnes ou mauvaises ne suffisent pas, nous demandons humblement que pour mettre un terme à cette déplorable hérésie grammaticale, il soit tenu un nouveau concile de Trente…. non, c'est trop peu, de quarante académiciens, des quarante Immortels, par exemple, auxquels on adjoindra, s'il le faut, tous les savants de France, d'Allemagne et d'Italie.

Et si ce n'est assez de toute l'Italie,
Que l'Orient à l'Occident s'allie !

# DE CLERMONT AU MONT-DORE.

ROCHEFORT. — ORCIVAL. — LAQUEUILLE. — GENESTOUX.

---

Par une belle matinée d'août nous partions pour le Mont-Dore, en nombreuse compagnie, par la grande route de Limoges sur laquelle se trouve Rochefort, réservant pour le retour la petite route de traverse par Randanne. Les sinuosités montueuses que nous suivions nous eurent bientôt caché Clermont et ses vignobles. Nous arrivâmes en deux heures au hameau de la Barraque, en face du Puy-de-Dôme, dont le chef nu était alors couronné si à propos par la lune, que l'astre retardataire nous rappela involontairement ces vers d'Alfred de Musset :

> Sur le clocher jauni,
> La lune
> Plantée comme un point sur un i.

A quatre kilomètres de ce hameau, on rencontre l'embranchement de la route de traverse qui passe dans le petit village de Laschamp qu'on aperçoit sur la gauche. Après avoir dépassé le Puy-de-Dôme qu'on laisse sur la droite, un nouveau paysage plus plat quoiqu'assez mouvementé s'offre à la vue, et l'on descend plus d'une heure une pente assez douce sur laquelle se trouve Pont-des-Eaux. C'est un joli village dont les accidents de terrains sont égayés par des bouquets d'arbres qui suivent les mille et un contours des ruisseaux qui arrosent les prairies.—Le château à tourelles de M. de Cordès, dont le parc est entouré de pins et de hautes futaies, vient très-heureusement avec le village de Saint-Martin-de-Tours, presque caché dans un bois, rompre la monotonie du chemin jusqu'à Rochefort, où nous arrivâmes vers midi, à moitié morts de chaleur et de faim.

Dieu sait ce qu'il nous fallut souffrir dans cette espèce d'entonnoir incandescent, en attendant à l'hôtel *Lassalas* un dîner que se disputaient les nombreux voyageurs qui s'y trouvaient, c'était un pêle-mêle, un tohu-bohu dignes de faire pendants aux plus chauds coups de feu des restaurants Parisiens. Nous aurions, si on nous en eût laissé le temps, desséché la Sioule qui arrose ce pittoresque chef-lieu de canton que sa situation vraiment originale, sa fontaine et les ruines de son château rendent fort curieux. Nous recommandons surtout à l'attention des amateurs la maison en lame de couteau qui est sur la place.

Non loin de Rochefort se trouve à l'est, Orcival, remarquable par son église Romano-

Byzantine, qui renferme l'image miraculeuse de la Sainte-Vierge, si vénérée sous le nom de Notre-Dame-d'Orcival.

De Rochefort à Laqueuille on parcourt un plateau très-élevé où la végétation des montagnes domine; le frêne, l'alisier, le hêtre bordent les routes. Au bas de Laqueuille où nous avions remarqué en passant les vestiges de l'ancien château des seigneurs de Laqueuille, qui commandait toute la contrée, nous prîmes à gauche l'embranchement de la route d'Aurillac qui se bifurgue bientôt lui-même pour arriver toujours en appuyant à gauche à Murat-le-Quaire.

Après ce village remarquable par sa belle position, les vestiges de son vieux château et sa belle vue sur le cours de la Dordogne, l'aspect du pays change complétement. Au vaste horizon nu et monotone que nous venions d'embrasser et qui doit donner pendant l'hiver une assez juste idée des steppes sauvages de l'Ukraine, succède un paysage plus circonscrit, encadré par une belle forêt de sapins et tout parsemé de villages et de riantes prairies. Peu à peu le vallon se resserre, et c'est à travers mille et une pentes sinueuses que la route vous conduit insensiblement dans le fond de la vallée de la Dordogne, dont on côtoie par moments à pic, protégé par de belles rampes semi-circulaires, les eaux bruyantes qui se répandent au loin comme un long ruban argenté.

C'est alors qu'on aperçoit de Genestoux dans une gorge étroite, adossé à gauche au flanc de la montagne de l'Angle couronné d'un diadème de rochers, le petit village du Mont-Dore bercé comme un nid d'alcyon au sein des tempêtes volcaniques qui ont tant de fois bouleversé l'Auvergne.

Avant d'y arriver on traverse le hameau de Quéreuilh, véritable clef de cette vallée, où l'on trouve la petite route par Randanne, et la rivière du lac de Guéry, qui se jette dans la Dordogne. Bientôt apparaît avec la cascade scintillante du Mont-Dore et le rocher fantastique du Capucin, le reste de la vallée entourée de tous côtés par les hautes montagnes de l'Angle et de l'Uclergue, et dont le fond est fermé par le groupe imposant des Monts-Dores que le pic de Sancy domine de toute sa hauteur.

Nous étions donc enfin dans cette belle partie de l'Auvergne, véritable région Vésuvienne parsemée de lacs, de vieilles tours féodales et de pyramides basaltiques, qui en rendent l'aspect si original et si singulier. A voir ces paisibles montagnes on ne croirait pas que leurs flancs couvent encore des feux mal éteints. C'est pourtant dans cette curieuse zône des Monts-Dores que la Nature avec son doux sourire a imposé silence aux volcans en jetant sur leurs bouches béantes son splendide manteau de verdure et de fleurs. Aussi, malgré sa vague ressemblance avec la verte Erinn si poétiquement chantée par les Bardes, ne vous y fiez pas trop, regardez bien où vous posez votre pied, car vous pouvez dire avec Enée au siège de Troie : *Incedo per ignes*! A l'aspect de toutes ces merveilles on est tenté de se demander pourquoi nous allons si loin courir les aventures, pour admirer de beaux sites, lorsque nous en possédons de si curieux jetés à profusion sur ce coin de notre belle France.

# LE MONT-DORE

## sous

## LES ROMAINS.

---

C'est dans cette vallée si pittoresquement illustrée de tendre verdure, de cascades et de rochers, que nos anciens maîtres les Romains, si grands amateurs des belles et bonnes choses, venaient tous couverts de lauriers et de rhumatismes chercher des soulagements à leurs maux. Ils pensaient, non sans raison, retrouver dans l'efficacité de ces eaux, dans les enchantements de ces sites, un remède à leurs douleurs physiques et morales.

Aussi, les moindres fouilles amènent-elles des découvertes intéressantes, ce ne sont partout que tronçons de colonnes, statuettes, anneaux, bijoux et monnaies enfouis dans les Thermes antiques, que le temps a recouverts de ses couches séculaires. A en juger par les beaux vestiges d'antiquité qu'on y retrouve, le Mont-Dore appelé alors *Aquis Calidis*, avait une très-grande importance. Il était surtout florissant dans le Bas-Empire.

Par une belle soirée d'été, sous le règne de Constantin-le-Grand, l'on vit descendre de la montagne de l'Angle par la voie romaine qui conduisait au Mont-Dore, un nombreux cortège d'hommes et de femmes, auquel une troupe de soldats commandés par un Centurion servait d'escorte.

C'était celui de la jeune Flavia, fille de Marcus Vindex, le tout-puissant Propréteur de la

Gaule, qui venait rendre visite à une illustre dame Romaine de ses amies, à laquelle un médecin affranchi avait ordonné l'exercice et les bains.

Sur un signe de sa jolie tête, un jeune cavalier portant encore la robe prétexte, tout frisé et parfumé comme un Sybarite, descendit de son cheval numide. Il fit arrêter les esclaves Ethiopiens qui portaient Flavia dans une litière aux rideaux brodés d'or et de soie, et offrit sa main à sa jeune parente. La belle patricienne apparut alors vêtue de riches étoffes de Tyr et chaussée de cothurnes à liens d'or. Des anneaux et des bracelets précieux ornaient ses mains et ses bras d'albâtre.

Ce fut, précédée par des joueurs de flûtes tibicines, de cithares et de cymbales qu'elle fit son entrée, avec toute sa suite, au Mont-Dore. Elle y fut accueillie avec effusion par son amie, dont la figure pâle encore comme un rayon de la blonde Phébé, se teignit subitement des teintes pourprées de l'aurore.

Après les compliments d'usage, comme l'étoile du Vesper brillait déjà à l'horizon, on se rendit à la salle du festin, pendant lequel furent servis tour à tour les vins généreux de Crète et de la Cyrénaïque. Le repas terminé, les causeries, les confidences intimes, chapitre sur lequel deux femmes ne tarissent jamais, surtout lorsqu'elles sont belles et aimées, eurent bientôt amené l'heure à laquelle Flavia, accompagnée par ses femmes, se retira dans la chambre à coucher qui lui avait été préparée.

Elle n'y dormit pas longtemps, car comme toutes les jeunes filles, Flavia était curieuse; ce qu'elle avait entendu raconter des bains, l'intriguait beaucoup, et elle était avide de les connaître. Aussi, le lendemain, dès que la plus jeune des heures matinales eût souri sur les bords de la vallée, au moment où les sapins agitaient doucement leurs grandes palmes chargées des perles diaphanes de la rosée, l'impatiente Romaine étendit ses bras charmants à peine enveloppés de lin, et donna l'ordre de lui préparer un bain.

Pour satisfaire à son désir, on l'introduisit dans une salle revêtue de marbre blanc, et parée de mosaïques étincelantes de mille couleurs. Elle était décorée de colonnes Corinthiennes et éclairée par un voluptueux demi-jour légèrement pourpré en ce moment par un rayon de l'amoureux Phébus. De gracieuses statues se partageaient avec des tableaux dignes du pinceau d'Amulius, l'honneur d'orner ce lieu séduisant, dont la coupole était couverte de galants distiques empruntés à Tibulle et à Properce.

Ce fut sous le charme de toutes ces coquetteries de l'art, qu'elle pénétra dans une belle piscine de porphyre dans laquelle l'eau était conduite de la fontaine de César par un groupe de Néréides se défendant assez mal des caresses indiscrètes d'un Triton.

Lorsqu'elle sortit du bain aussi belle que la chaste Galathée apparaissant sur les mers d'Ausonie, on lui présenta sa tunique de pourpre à agrafes, et un miroir pour rajuster sa belle chevelure égarée sur ses blanches épaules. Puis elle passa dans la salle des parfums dont les délicieuses émanations, s'échappant de vases sculptés de Corinthe, eurent bientôt calmé l'agitation de ses sens, un peu surexcités par le bain.

Les jours suivants s'écoulèrent rapidement en excursions et en fêtes de tous genres. Des danseuses, des lutteurs, des joueurs de palestre accompagnés de joueurs de sistre, de tympanum et de lyre Thébaine, vinrent tour à tour offrir à la noble visiteuse des divertissements qui se prolongèrent jusqu'à son départ. Tous ces plaisirs si variés, et la guérison miraculeuse de son amie, pénétrèrent de joie et de reconnaissance le cœur de Flavia. Aussi elle ne repartit pas sans avoir rendu grâce aux dieux dans le temple du Panthéon, dont l'autel des sacrifices fut plus d'une fois rougi par les mains des victimaires.

Mais toutes ces fêtes, toutes ces magnificences, souvenirs des splendeurs de Rome dégénérée, ne devaient pas durer longtemps. Avec l'aigle des Césars fuyant devant les flèches des Barbares, la domination Romaine s'évanouit, et l'Auvergne sous les premiers siècles de la monarchie devint le théâtre de guerres terribles pendant lesquelles les Thermes furent détruits. Les fouilles entreprises en 1817, pour leur réédification, mirent à nu les anciens monuments Romains sur les ruines desquels on bâtit d'après un plan régulier, l'établissement actuel et les maisons qui forment aujourd'hui le village du Mont-Dore.

# LE VILLAGE DU MONT-DORE.

## PHYSIONOMIE,
## LES MALADES, LES TOURISTES,
### LES EXCURSIONS, LES SALONS.

Thénot 1850.

Village et Vallée du Mont-Dore.

Imp.Godard,Paris, 55 quai des G⁽ds⁾ Augustins

# LE VILLAGE DU MONT-DORE.

Ce village est des plus curieux. Assis tranquillement aux pieds du Puy-de-l'Angle, entouré de montagnes volcaniques, tantôt nues, tantôt couvertes de bois de sapins, il est arrosé par les flots naissants de la Dordogne.

A l'aspect de ses maisons et de ses hôtels à persiennes vertes ou grises, on se croirait transporté en Suisse ou en Savoie, tant leur construction régulière rappelle celle des *Gasthaus*. L'illusion serait complète si ce n'était l'apparition de deux bons gendarmes qui remplacent très-dignement les *Carabineri Reali* de S. M. Victor-Emmanuel, Roi de Sardaigne, de Chypre et de Jérusalem. Car le Mont-Dore, c'est Chamouny, mais Chamouny moins sa neige et ses glaciers éternels. Si les effets de la nature y sont moins excentriques, qu'importe, ils sont bien plus riants, ils se sont francisés, n'est-ce pas tout dire ?

Au lieu du Montanvert, de la Croix de la Flegère, et du Mont-Blanc, ce vieux Roi de la montagne couronné depuis tant de siècles d'un diadème de neige, vous avez le pic de Sancy, le Capucin et la grande Cascade, sans compter une myriade de puys, de lacs et de cascades qui méritent à juste titre, à cette admirable partie de l'Auvergne, le surnom de l'Oberland Français.

Les Etrangers qui, deux mois durant, envahissent l'humble village, sont tellement nombreux, au mois de juillet surtout, qu'il est très-prudent de retenir un logement d'avance lorsqu'on y va prendre les eaux, car sans cette précaution, on peut être condamné à camper dans une hutte improvisée dont ne voudrait pas un sauvage de l'Uruguay.

Toute cette population flottante s'abattant comme un essaim d'abeilles de toutes les parties de l'Europe sur le Mont-Dore, offre un sujet d'études d'autant plus attrayant qu'il se renouvelle sans cesse. Elle se divise en deux classes bien distinctes, celle des malades et celle des touristes.

La première, justement impatiente, arrive vers le milieu du mois de juin pour ne disparaître qu'au 15 août, mais elle choisit de préférence le mois de juillet. Comme elle fait un séjour de près de vingt jours, elle est, de la part des maîtres d'hôtels, très-empressés du reste pour tout le monde, l'objet des plus grandes prévenances. A elle les soins les plus délicats, à elle les plus belles chambres, à elle les promesses les plus pompeuses ! Il n'y a là rien que de bien naturel, à tout seigneur tout honneur ! Triste honneur, hélas, dont on aurait bien mauvaise grâce d'être jaloux.

C'est parmi ces types étiolés que vous retrouvez :

La femme incomprise se mourant d'une maladie de cœur.

La chaste jeune fille, pauvre fleur languissante et pâle comme Ophélia.

Une jeune mère minée par la consomption.

Puis viennent :

Des avocats, des orateurs que les succès du Barreau ou de la Tribune ont mis sur le carreau.

Des prima donna sur le retour qui ont

tellement pris les *chats* de grippe, que la seule apparition d'un Angora leur fait l'effet de la tête de Méduse.

Il n'est pas jusqu'aux ténors éreintés qui ont entendu *appeler Azor*, qui ne viennent aussi redemander aux sources et à tous les monts d'alentour leur fameux Ut de poitrine, prix fixe : cent mille francs ! Aux uns le malicieux écho répond de sa voix la plus mélodieuse, *ut ! ut !* Mais quelques fois aussi avec ce mouvement de nique rendu si célèbre par le Gamin de Paris, il leur dit *zut ! zut !* Il y a vraiment des échos qui sont encore plus impitoyables que tous les enfants terribles illustrés par Gavarni.

L'élément militaire si nombreux à Bourbonne et à Barèges, est à peu près inconnu au Mont-Dore. Les marins surtout y passent pour des mythes. Ils s'ennuieraient fort dans ces latitudes à plus de mille mètres au-dessus du niveau de la mer.

Tous les sujets de cette classe soumis aux prescriptions de la docte Faculté, et aux exigences du traitement, sur lesquelles l'illustre médecin qui le dirige ne transige pas facilement, mènent une existence réglée et sagement variée qui ferait envie à une pensionnaire du Sacré-Cœur.

Après le déjeûner qui suit ordinairement le bain, ils peuvent aller faire des excursions, à la condition expresse d'être rentrés entre quatre et cinq heures pour prendre l'inévitable bain de pieds. Malheur à eux s'ils négligeaient ce point capital !

Quant à la seconde classe d'Etrangers, qui honore le Mont-Dore de son agréable présence ; nous voulons parler des joyeux escadrons toujours riants, toujours chantants et voltigeants de touristes et de belles curieuses qui viennent chaque jour visiter les beaux sites de la zône du Mont-Dore, c'est une toute autre affaire. Comme ils ne relèvent du bon plaisir de personne, si ce n'est du leur, ils se lancent avec une ardeur incroyable dans tous les plaisirs. Car ce n'est point la race blasée dont la vaporeuse Albion nous offre le plus de types qui en forme le contingent, mais une foule de personnes avides de voluptés excentriques d'autant plus agréables qu'elles n'offrent aucun des dangers de ces montagnes et de ces glaciers de la Suisse et de la Savoie qu'on ne parcourt qu'avec le bâton ferré et la crainte d'une avalanche.

Aussi leur premier soin en arrivant est de s'informer de l'hôtel où l'on mange le mieux et surtout où l'on s'amuse le mieux. Après le dîner ils vont par pure curiosité goûter l'eau minérale qui leur fait faire une légère grimace, puis ils s'entendent pour les excursions avec les guides. Ces guides sont tous hommes fort polis, qui ne vous parlent que chapeau bas, mais avec lesquels, en leur qualité de bons Auvergnats, on est obligé de marchander. Car dans toute l'Auvergne, sachez le bien, il faut tout marchander, c'est une mauvaise habitude que la civilisation Parisienne n'y extirpera peut-être pas encore de sitôt. Si le temps est de belle apparence, le prix des chevaux vivement demandés est en hausse, l'état du ciel est-il au contraire nébuleux ? point d'affaires, il y a baisse. C'est comme on le voit une valeur essentiellement variable, comme celles cotées à la Bourse, et dont les fluctuations sont soumises aux caprices d'un nuage ou d'un rayon de soleil.

Le lendemain il fait beau voir partir pour Murol, pour la Vernière, pour le pic de Sancy, toutes ces cavalcades composées d'éléments si variés et inconnus les uns aux autres.

Ici, sont d'élégantes Amazones, élèves de Baucher (rassurez-vous, ce ne sont ni des lionnes de la Boule Rouge, ni des marquises de *Breda Street*) qui veulent faire de la haute école avec les bons petits chevaux indigènes, qui n'y comprennent goutte.

Autant vaudrait leur parler Hébreu ou Sanscrit. Là, d'ardents cavaliers qui, s'imaginant qu'ils vont à un *Steeple Chease*, piquent en vain des deux.

Ils sont suivis non sans quelque peine par les dames qui se font porter à bras, et par les paisibles montures des vénérables personnes qui se prélassent dans leurs selles à la fermière, comme des chanoinesses dans leurs stalles.

En pareille compagnie, au milieu des accidents et des admirables surprises du chemin, la gaîté devient contagieuse, aussi la glace est bientôt rompue. On se salue au premier ruisseau, on se jure une amitié éternelle sur le Pic de Sancy, et huit jours après, non pas toujours, mais trop souvent, faute de l'avoir inscrit sur la peau d'âne de son souvenir, on oublie le nom de cet ami improvisé....... Ainsi va le monde.

Il n'est pas jusqu'à l'amour qui ne se

mette aussi quelquefois de la partie. Il est si fin qu'il passerait, dit-on, par un trou de souris, comment voulez-vous qu'il ne se glisse pas en tapinois dans la compagnie, il y a tant de petits sentiers mystérieux tant de pelouses fleuries et parfumées que le traître y est à l'aise.

Vous croyez peut-être que les fatigues de la journée nuisent aux plaisirs de la soirée, erreur, trois fois erreur! On se réunit le soir dans les salons particuliers des hôtels, qui sont de première nécessité, car l'air froid qui règne alors dans la vallée est très-nuisible.

Cette division de la société par hôtel est fâcheuse sous plus d'un rapport. Elle nuit à l'éclat et au développement des fêtes. Elle isole les personnes de chaque hôtel qui font autant de coteries. De plus on est obligé quelquefois de subir les exigences de certaines femmes, qui s'érigeant de leur chef en maîtresses de maison, vous imposent bon gré malgré leur manière de voir ou de s'amuser. Reines d'un jour qui se font un malin plaisir de vous faire sentir le joug de leur autorité éphémère, dont le sommeil ou leur départ peuvent seuls vous délivrer !

Il y a bien à l'établissement un grand salon, mais le malheureux dépourvu d'éléments d'attractions, est désert comme l'Odéon ; il n'est guère fréquenté que par quelques rares lecteurs de journaux. Quelquefois par extraordinaire, dans les années bissextiles par exemple, une troupe de comédiens ambulants, digne pendant du célèbre tableau de Biard, une cantatrice du Théâtre de Carpentras viennent rompre la monotonie de ce triste local, qui retombe bientôt dans le silence des catacombes.

Ce qui manque absolument dans le village du Mont-Dore, c'est une promenade qui servirait de point de réunion, comme dans l'allée de *Sept heures* à Spa, ou dans celle de

*Lichtenthal* à Bade. Rien ne serait plus facile que d'y créer un jardin anglais car les accidents de terrains, l'eau, les bois et les rochers n'y manquent pas Dieu merci. Avec un peu de goût et d'argent, on aurait des jets d'eau, des cascades, des ponts rustiques, un kiosque, enfin toutes les merveilles de Trianon, que Marie-Antoinette aimait tant.

Espérons que l'administration départementale si intelligente comblera bientôt ces lacunes. Le public lui en saura gré.

# L'Établissement Thermal.

## SON ANNEXE.

## LE DOCTEUR BERTRAND.

# L'ÉTABLISSEMENT THERMAL.

Dès 1787, Louis XVI avait ordonné la construction de bâtiments destinés à l'exploitation des eaux, mais les travaux interrompus pendant la première Révolution, modifiés sous l'Empire, ne purent être repris qu'en 1817. Ce fut à cette époque que fut commencé l'Etablissement Thermal actuel, dont l'architecture plus solide que riante, peut lutter avec succès contre l'intempérie et la rigueur du climat, car il est couvert en dalles porphyriques. M. Ledru architecte à Clermont, aidé des conseils éclairés de

M. le docteur Bertrand, en dirigea les travaux.

En procédant aux démolitions, on découvrit l'ancien établissement Romain, avec ses piscines, ses galeries et ses bains de vapeur. On trouva dans ces fouilles, outre diverses antiquités, deux belles sources thermales, qui furent appelées le bain *Ramond* et la source *Rigny*, en souvenir des deux préfets qui s'étaient particulièrement intéressés à l'avenir du Mont-Dore.

En septembre 1821, une nouvelle source fut découverte. Elle reçut le nom de Fontaine *Caroline*, en honneur de la duchesse de Berry, qui vint au Mont-Dore en 1822.

C'est près de cette source que se trouve celle dite du Bain de *César*, dont le fronton triangulaire domine en quelque sorte l'établissement qu'elle alimente abondamment. Aussi n'est-ce point la mort dans l'âme comme les condamnés qu'on livrait tout couronnés de fleurs aux bêtes du Cirque, mais le cœur plein de de joie et d'espérance, que les malades venus pour s'y incliner s'écrient : *César te morituri salutant!*

L'établissement administré par le département du Puy-de-Dôme, se compose d'un rez-de-chaussée et d'un premier étage. Au rez-de-chaussée se trouve sur le premier plan le promenoir couvert et décoré de fontaines où l'on va boire ; sur les deux ailes sont les bains de vapeur, les salles d'aspiration et leurs accessoires.

Sur le second plan sont les cabinets de bains et douches pour les indigents, les piscines, puis à la suite les réservoirs des diverses sources.

Au premier étage la majeure partie de la façade qui donne sur la place, est occupée par le grand salon de réunion ; et le fond par les salles de bains et douches pour les deux sexes.

Les cabinets de bains avec leurs baignoires porphyriques n'ont certainement pas le confortable, ni la coquette élégance de ceux de Vichy, mais ils sont proprement tenus ; au surplus on n'a pas le temps de s'y ennuyer, car les bains à haute température ne durent que quelques minutes.

Ce n'est pas un spectacle peu curieux que de voir les baigneurs portés et rapportés du bain, dans leurs chaises à porteur. Ces véhicules, d'une simplicité vraiment primitive, sont loin de la pompeuse litière de nos anciennes Marquises ou du palanquin des Nababs, car ils sont tous uniformément en sapin, et ne laissent voir du baigneur bloqué hermétiquement, qu'un fragment de son peignoir de laine, semblable au blanc *San Benito* d'un Camaldule.

Huit sources sortant des entrailles de la montagne de l'Angle servent à l'alimentation de cet établissement, voici leur température et leur volume d'eau par minute :

| | | |
|---|---|---|
| Fontaine Caroline, | 45 cent. | 43 lit. |
| Bain de César, | 45 — | 41 — |
| Grand Bain, | 41 — | 38 — |
| Bain Ramond, | 42 — | 13 — |
| Source Rigny, | 42 — | 12 — |
| Fontaine de la Madeleine, | 45°,5 — | 100 — |
| Fontaine Ste-Marguerite, | froide. | |
| Source du tambour, | froide. | |

Ces eaux contiennent à des degrés différents, principalement du gaz acide carbonique libre, du carbonate, du sulfate et de l'hydrochlorate de soude, puis en moins grande quantité, des carbonates de chaux, de magnésie et d'alumine ou de silice, et un peu d'oxide de fer.

Dans le plus fort de la saison les bains commencent dès une heure du matin. Mais malgré les prodiges d'activité des employés, malgré un double service de jour et de nuit, l'affluence toujours croissante des baigneurs rendait l'ancien établissement insuffisant. C'est par ce motif que sous la direction de M. Ledru fils, architecte à Clermont, on vient d'y joindre une importante annexe, qui est bâtie sur la même place et en retour d'équerre avec l'établissement principal dont elle n'est séparée que par la route.

Bien que son style extérieur soit semblable à celui de l'établissement, l'intérieur est plus élégant et plus confortable. Ainsi, les voûtes y sont moins écrasées, un double escalier se développant en deux gracieuses spirales conduit au premier étage dans une belle salle d'attente d'où l'on découvre la grande cascade et toute la vallée. C'est de là qu'on se rend dans les salles à ciel ouvert pour les bains de vapeur et d'aspiration.

Ces salles d'aspiration portent un nom assez énigmatique pour mériter une petite explication. Elles sont fréquentées par certains malades qui trouvent un puissant moyen de guérison dans la vapeur d'eau minérale légèrement condensée qu'ils y respirent.

Avant d'y entrer on laisse au vestiaire une partie de ses vêtements, puis on pénètre dans cette salle nébuleuse, où l'on prend place un peu au hasard, au jugé, comme dirait un abonné au journal des *Chasseurs*. La conversation, surtout dans celle des femmes, n'y languit pas souvent.

Si quelquefois il vous arrive d'y parler politique (où n'en parle-t-on pas)? gardez-vous d'être trop expansif, car l'épaisseur de l'atmosphère peut amener des quiproquos désagréables. La paisible salle peut alors se transformer en arène, et engendrer un duel. C'est ce qui faillit arriver dernièrement à un narrateur imprudent qui ne fut pas peu surpris de voir se lever menaçant comme la statue du Commandeur, un ancien ministre du Gouvernement Provisoire assis non loin de lui.

Disons-le ici bien haut, si les Eaux du Mont-Dore ont acquis la célébrité dont elles jouissent à si juste titre, elles le doivent sans contredit aux lumières du Médecin-Inspecteur, M. le docteur Bertrand, qui depuis plus de 40 ans a consacré son temps et toutes les rares facultés de son esprit éminent, à expérimenter les vertus de ses Eaux, qui ont produit des cures vraiment merveilleuses.

M. Bertrand s'est tellement identifié aux eaux du Mont-Dore dont il est le régénérateur, qu'en 1848, après sa malencontreuse destitution et celle de son fils, inspecteur-adjoint et le digne continuateur de son père, le nombre des malades diminua si sensiblement, que l'Académie de médecine demanda qu'ils fussent réintégrés dans leur service. C'est ce qu'on s'empressa de faire, à la grande joie des pauvres malades.

Grâce à leurs soins éclairés et à la coopération officieuse de deux médecins, chefs de service, qui contrôlent continuellement la durée, l'exactitude et l'effet des bains, il est peu d'établissements en Europe où les eaux soient administrées avec plus d'attentions délicates.

Des religieuses de Saint-Joseph, dites du *Bon Pasteur*, dont la maison-mère est à Clermont, desservent l'hospice, et mettent leur dévouement et leur douceur angéliques au service des pauvres malades. Nobles et modestes filles, en attendant que Dieu vous récompense, le respect et la reconnaissance vous suivront partout!

# UNE VICTIME.

## NOUVELLE.

# UNE VICTIME!

## I.

Par une belle soirée de juillet de l'année dernière, le salon de l'hôtel ***, présentait un aspect des plus animés. On touchait à cette heure si agréable de l'après-dîner, où l'esprit et le corps sont si bien disposés pour la joie et le plaisir.

Les joueurs intrépides étaient déjà à leur poste, et c'était merveille de voir l'empressement des cavaliers auprès d'un groupe féminin réuni autour d'une dame d'un certain âge (lisez incertain), qui,

« Pour réparer des ans l'irréparable outrage. »

mettait tout en œuvre, eaux thermales, eaux de senteur, eau de Jouvence, et ce, sans préjudice d'une toilette extrêmement recherchée qui dénotait une lionne, mais une lionne sur le retour.

—Mesdames, disait-elle, si vous voulez m'en croire, nous danserons ce soir. Il est arrivé aujourd'hui à l'hôtel un jeune pianiste de mes amis, qui nous procurera ce plaisir.

—Oh! madame Hérard, dit une sémillante Parisienne, l'agréable surprise que vous nous ménagez! Ici on ne danse pas quand on veut, au moins, le grand salon de l'établissement est un véritable désert, ce n'est plus comme à Vichy, quelle différence. Danser! Polker! Cette idée seule me fait oublier toutes es fatigues de notre grande course d'aujourd'hui, car nous revenons du château de Murol et de St-Nectaire.

— Voilà en effet un véritable voyage. Pour moi, je suis allée tout simplement à la cascade de la Vernière, où nous avons beaucoup ri. C'est sans doute de St-Nectaire que vous avez rapporté ce joli médaillon en pétrification, n'est-ce point, si je ne me trompe la Vierge à la chaise de Raphaël ?

— Oui Madame, et quoique cette reproduction d'un des chefs-d'œuvre du divin Sanzio me plaise beaucoup, je préférerais cependant une jolie miniature comme celle que vous portez, on dirait un portrait de madame de Mirbel.

— Oh ! mon Dieu non, c'est une délicieuse peinture de Bouchardy.

— Comment ? de Bouchardy, l'auteur de *Gaspardo*, du *Sonneur de St-Paul* ?

— Du tout, vous n'y êtes pas, reprit en souriant madame Hérard, c'est de son frère, Etienne Bouchardy, un artiste aussi habile que modeste, l'ami de Biard et de Paul Delaroche.

— En vérité, mais c'est charmant, il faut qu'à mon retour à Paris je fasse une surprise de ce genre à ma mère, qui en sera enchantée.

Dites-moi, ajouta-t-elle un peu plus bas, connaissez vous cette jolie personne qui vient de nous chanter la romance favorite de l'album de Loïsa Puget?

—Très peu, reprit madame Hérard sur le même ton, c'est notre amazone la plus intrépide et la plus élégante. Tout ce que j'en sais, c'est qu'on en jase beaucoup, elle a trouvé dans notre jeune attaché à l'ambassade d'Autriche, un écuyer cavalcadour des plus assidus. Croiriez-vous qu'ils jouent ensemble à l'idylle?

— Comment, ce serait par trop plaisant !

— C'est pourtant la vérité, on prétend que cette sensible Estelle a trouvé dans le candide diplomate, l'étoffe d'un nouveau Némorin. Oui, il paraît qu'hier, sous le prétexte d'herboriser, ils sont.....

Mais que se passe-t-il donc à la table de wisth, on dirait qu'on s'y dispute comme à une partie de boston? Ecoutons-donc un instant :

— Je vous joue le 10 de trèfle, et vous ne revenez pas à mon invite?

— Mais, Madame, le 10 n'est pas une invite.

— C'est précisément, Monsieur, ce qui aurait dû vous faire deviner que je jouais mon singleton, à Ste-Menehould, c'est un coup classique.

—Comment, Madame, vous jouez encore votre singleton?

—Eh! pourquoi pas, je vous prie?

—Parce que c'est un coup qui ne se joue plus. Vous ignorez sans doute qu'il y a sur le pavé de Londres plus de cent mille Anglais qui demandent l'aumône, parce qu'ils se sont ruinés pour avoir joué le singleton.

—Préjugé et plaisanterie que tout cela! J'avais quatre petits atouts avec lesquels je voulais couper, mais qui sont perdus parce que je n'ai pas pu les utiliser. Sans cela, nous avions trois de trick, ce qui nous assurait le gain de la partie, et vous conviendrez que c'est bien désagréable de.....

—Mais, Madame, je suis bien fâché de vous le dire, vous êtes encore ici dans votre tort.

Quand on a quatre atouts, si petits qu'ils

soient, et qu'on a la main, on joue toujours atout. Newton, le grand, l'illustre Newton, faillit déshériter son plus proche parent, qui avait commis la faute énorme de ne pas jouer atout en pareil cas. C'est là de l'histoire, et je m'étonne, ajouta d'un air narquois l'impitoyable partner, qu'à Sainte-Menehould, ville déjà si célèbre à plus d'un titre, et où l'on se pique, dit-on, de quelque littérature, on semble ignorer un fait si palpitant d'intérêt.

L'infortunée Champenoise, toute abasourdie de cette incroyable tirade, avait baissé pavillon. C'en était fait de la victime.....

... Les chants avaient cessé!

Parmi les témoins de cette scène, on en remarquait un, nommé Georges Pougin, qui paraissait écouter cette petite discussion avec une attention toute particulière. C'était un jeune vieillard aux cheveux blonds légèrement argentés, sur le front déprimé du quel les passions avaient tracé des rides prématurées. Il y avait quelque chose d'étrange dans l'originalité de ses allures, autant que dans l'inégalité de sa conversation, tour à tour piquante comme celle d'un artiste, ou monotone et incolore comme celle d'un rentier du Marais.

Un ami plus âgé que lui, et qui paraissait être son fidèle Achate, l'accompagnait toujours. Jamais on ne les avait vus jouer ni l'un ni l'autre, mais ils dansaient assez volontiers. Il est vrai de dire que la manière assez excentrique dont M. Pougin usait de l'exercice de la danse, avait déjà provoqué sur son compte des remarques peu charitables de la part de quelques dames. Ce n'était pas pour lui un plaisir, mais plutôt une distraction violente, dans laquelle il cherchait à s'étourdir.

M. Pougin n'avait pas encore valsé, mais cédant aux accents entraînants d'une valse de Strauss, autant qu'aux provocations d'une valseuse émérite, il ne put résister à la tentation, et s'élança avec elle dans le joyeux tourbillon, où l'œil inquiet de son ami suivait ses moindres mouvements.

Tout allait pour le mieux, lorsque l'artiste qui tenait le piano se prend à jouer la valse de Giselle, la plus enivrante et partant la plus dangereuse valse qui soit au monde. Mais, ô surprise, au lieu d'enlacer plus étroitement sa valseuse sous le charme de ces langoureux accords, Georges s'arrête tout-à-coup; d'un geste convulsif la repousse stupéfaite, et s'échappe du salon....

## II.

Cette brusque sortie intriguait surtout un jeune Lyonnais Eugène Raimbaud, le frère de la valseuse délaissée. Curieux de connaître le secret de cet incident, il veut suivre l'ami de Georges qui s'était précipité sur ses pas. Mais celui-ci lui répond à la hâte : laissez-moi aller au secours de Georges. Le malheureux ! Je le lui avais bien prédit ! Plus tard je vous conterai tout.... c'est un mystère.....

— Qu'est-ce donc? dit à Eugène qui rentrait, toute la compagnie passablement égayée par ce bizarre incident.

— Je l'ignore encore, répondit-il, mais patience, on a promis de me le dire, il paraît que c'est......

— Une histoire, lui dit-on.

— Non, vous n'y êtes pas.

— Quoi donc ? Un secret peut-être ! s'écria avec une joie presque féroce, une affreuse petite vieille à lunettes bleues.

— Mieux que cela... c'est... un mystère!

Et aussitôt le malin pianiste, fou comme un écolier en vacances, de saisir au bond la réplique, et d'entonner ce motif de la Dame Blanche :

> Quel est donc ce mystère?
> Je n'y puis rien comprendre!

Cet à-propos commencé pianissimo fut successivement répété en chœur et se termina par un rinforzando si formidable, qu'il eût pu rivaliser avec la détonation d'un canon à la Paixhans.

Après cette folie musicale, tout le monde se retira, mais Eugène était trop agité pour pouvoir dormir. Il alla se promener sur la place où sont exposées les antiquités Romaines, l'air frais du soir et le calme exercèrent sur lui leur salutaire influence. Le spectacle qui s'offrait à sa vue était plein de grandeur et de mélancolie. Le gémissement éternel de la grande cascade du Mont-Dore rompait seul le silence profond qui régnait dans toute la vallée sur laquelle la nuit avait jeté son voile étoilé.

Tandis que comme la Madeleine du désert elle versait son inépuisable torrent de larmes, le pic de Sancy paraissait menacer la Lune dont le regard plongeait sur les attraits décharnés de la Gorge d'Enfer, vieille matrone qui faisait semblant de se voiler pudiquement, tout en montrant à l'astre indiscret son ratelier gigantesque de dents basaltiques..... mais peu osanores.

. . . . . . . . . . .
. . . . . . . . . . .

### III.

Le lendemain après le déjeûner, Eugène interrogea avec curiosité l'ami de Georges.

—Si vous n'avez rien de mieux à faire lui répondit-il, nous irons ensemble au salon du Capucin, où nous pourrons faire la sieste, car il fait bien chaud aujourd'hui. Chemin faisant, je vous donnerai l'explication de la scène d'hier.

Cette offre ayant été acceptée, ils se mirent de suite en route. A peine avaient-ils dépassé la petite allée de frênes et de sorbiers qui est précédée par le pont suspendu sur la Dordogne, qu'Eugène écoutait le récit suivant :

Georges Pougin habitait, il y a quelques années, une ville de la Franche-Comté, où il était ingénieur des mines. La position qu'il occupait, son esprit autant que sa figure vraiment séduisante le faisaient rechercher à juste titre. C'était un mari très enviable, véritable fleur des pois, chantant la romance à ravir, qui devint bientôt le héros des salons où on se l'arrachait. Les mères le portaient aux nues, et je sais plus d'une jeune colombe tendrement blessée dont le cœur soupirait pour lui.

Au milieu de cet engouement général, Georges était devenu le point de mire de toutes les petites ambitions qui s'agitaient autour de lui. Pour comble de bonheur il reçut deux ans après la croix d'honneur, en récompense de sa conduite aussi courageuse que conciliante dans une coalition d'ouvriers. Cette distinction si flatteuse pour lui mit le comble à sa réputation.

Tout semblait donc réuni pour faire de Georges un homme heureux, et pourtant il ne l'était pas. Il ressemblait à un de ces beaux fruits, merveilles de nos jardins, qui sous leur orgueilleuse parure d'or et de pourpre, recèlent l'atôme destructeur qui les fait tomber au milieu de leur triomphe. C'est là malheureusement l'histoire de bien des existences brisées, de bien des chûtes mystérieuses et foudroyantes. C'est en particulier l'histoire de celle de Georges, son ver rongeur à lui, qui irrésistiblement, sourdement devait le précipiter de son brillant piédestal…; c'était le jeu!!

Oui, Georges était joueur, mais joueur dans la plus mauvaise acception du mot. Ce n'était pas, vous le devinez bien, un de ces esprits à émotions faciles qui se contentent des innocentes tribulations du Loto ou du Nain jaune; mais c'était un de ces joueurs insatiables et incorrigibles, capables dans un accès de délire de jeter leur fortune, leur honneur et leur vie, sur un coup de dé.

## IV.

En arrivant dans sa nouvelle résidence qui devait lui être si fatale, jamais Georges n'avait joué. C'était une curieuse petite ville qui, comme tout chef-lieu d'arrondissement, était ornée d'un sous-préfet, d'un receveur particulier et d'un conservateur des hypothèques. Malgré tous les agréments que semblait promettre la présence de cette triade administrative, la ville n'en n'était pas moins triste, car ces fonctionnaires ne recevaient pas.

Le conservateur des hypothèques énorgueilli d'une savonnette à vilain, aurait cru déroger en se commettant avec des gens du commun.

Si le receveur particulier n'avait pas de salon ouvert, ce n'était certainement pas manque d'envie, car c'était un membre très actif de la société du *Caveau*, joyeux convive, grand amateur de truffes et de Champagne, caressant avec délices la dive bouteille, et connaissant à fond le répertoire bachique et anacréontique de Désaugiers et de Béranger. Quoiqu'il eût bien souvent chanté : *Gai, gai, marions-nous!* il n'en était pas moins resté vieux célibataire, et cet état qui menaçait fort de devenir chronique, ne lui permettait pas, à son grand regret, de recevoir les beautés de l'endroit.

Quant au sous-préfet, c'était une toute autre affaire. Affable, charmant, et plein de prévenances gracieuses, en tournée pour ses chers administrés, dont il savourait gratis les dîners officiels ; il s'ingéniait, une fois rentré dans son vieil hôtel, à ne dépenser que le moins possible de ses appointements. Son avarice était telle, que l'idée seule d'une soirée lui donnait le cauchemar. Pour parer à cet inconvénient, il avait imaginé de se mettre en deuil régulièrement chaque hiver, au moyen d'une perte plus ou moins apocryphe, de quelque parent éloigné, ce qui lui était facile, car il était Picard, d'autres disent Normand.

Toutes ces pertes irréparables, quoique très prévues, arrivaient périodiquement vers le mois de janvier. Tantôt c'était une tante, tantôt un cousin, tantôt une nièce du beau-père de madame, qui étaient exploités en coupe réglée par ce petit Talleyrand. Grâce à ces manèges dont on riait de pitié, le deuil annuel du sous-préfet était devenu proverbial, et aussi inévitable que la Saint-Sylvestre. Aussi, avec cette oméga du calendrier, arrivait invariablement le deuil officiel. Alors, au lieu d'une invitation à danser illustrée d'amours se jouant capricieusement dans les fleurs, arrivait une lettre de faire part bordée de noir, qui était suivie de tristes réceptions, dans lesquelles le fin matois déployait la gaîté d'un employé des pompes funèbres. Mais le premier sourire du printemps faisait bientôt disparaître ce chagrin factice, le saule pleureur qui s'était balancé tristement jusque-là sur le chapeau fané de madame la sous-préfète, était alors remplacé par une touffe de vieux coquelicots...... et le tour était fait.

## V

Vous concevez facilement que dans une semblable petite ville, où chacun vit comme une huitre dans sa coquille, l'étranger nouveau venu en est réduit à s'isoler comme un cénobite, où à passer ses heures de loisir dans l'atmosphère atrophiante des cafés.

C'est dans ces lieux méphytiques, loin de l'agréable société des femmes, ces anges envoyés sur la terre pour nous rappeler le ciel, que Georges, bien malgré lui, venait noyer dans les flots de bierre et de fumée, les trésors de son esprit et de son intelligence.

Le jeu ne fut d'abord pour lui qu'une distraction, bientôt une habitude qui, semblable à ces poisons dont l'effet est d'autant plus dangereux qu'il est plus lent, se changea plus tard en une véritable passion. Les heures du jour étant devenues trop courtes pour la satisfaire, on les doublait en anticipant sur celles consacrées au sommeil.

Ce fut à cette époque que je vins me fixer auprès de lui. Les liens d'amitié et de parenté qui nous unissaient me firent bien accueillir, aussi fus-je promptement initié à cette vie de désordres. Nous étions alors à l'entrée de l'hiver ; contre son habitude, la ville sortant de sa torpeur soporifique, devint presque gaie, le vent tournait aux plaisirs. Soirées particulières, bals publics et raouts étaient à l'ordre du jour, et Dieu sait si Georges en profitait pour contenter son fatal goût pour le jeu.

Georges, par un hasard singulier, gagnait toujours, aussi riait-il de mes sages remontrances devant son bonheur continu. « Que
» veux-tu, me disait-il, le jeu est mon idole,
» je domine le sort à mon gré, comme un
» habile écuyer maîtrise un cheval fou-
» gueux. Je n'aurais plus rien à envier si,
» cédant à notre amour mutuel, les parents
» de ma chère Hortense voulaient fixer
» enfin l'époque de notre union. L'autre
» jour encore, au grand bal de l'Hôtel-de-
» Ville, tous les bonheurs semblaient réunis
» pour moi, c'était une véritable féerie,
» dont j'étais un des ordonnateurs, et qui
» offrait, grâce à mes soins, une agréable
» nouveauté.

» Par une recherche que tu vas compren-

» dre, une partie de la salle, élevée de
» quelques pieds, contenait au centre l'or-
» chestre, tandis que sur les ailes, des vases
» de fleurs éblouissantes et d'arbustes exo-
» tiques, cachaient sous le berceau de leur
» feuillage protecteur les tables de jeu, qui
» y avaient été mystérieusement disposées.
» Tu peux juger, mon cher ami, si j'étais
» heureux, car les échos de la fête me par-
» venaient dans cet observatoire embaumé,
» où je gagnais continuellement. Oh ! alors
» le jeu n'était plus pour moi quelque chose
» de vulgaire et de cupide, c'était une pas-
» sion poétisée par les sourires de ma fian-
» cée, et par ceux de toutes ces femmes
» rayonnantes de beauté et de parure, que
» les sons d'une musique enchanteresse fai-
» saient voltiger devant moi comme les
» houris du paradis de Mahomet. C'était
» un véritable conte des Mille et une Nuits,
» et je gagnais toujours ! J'eus alors un de
» ces moments de félicité suprême, que
» l'âme triomphante ne retrouve pas deux
» fois dans la vie ! »

Que pouvais-je répondre à tant d'exaltation? Rien de bien persuasif, car le succès semblait prendre à tâche de légitimer toutes ces extravagances.

## VI.

Un jour pourtant, la fortune se lassa, et fit bien cruellement expier à Georges ses instants de bonheur, son étoile, si brillante naguère, pâlit subitement, les pertes qu'il fit coup sur coup changèrent son caractère, de gai et rieur qu'il était, il devint sombre et soucieux. Alors, comme toutes les grandeurs déchues, il ne manqua pas de rejeter ses revers sur la fatalité. La fatalité! la grande ressource des cœurs faibles. Georges devint donc fataliste, superstitieux même, il avait en peu de jours perdu des sommes considérables, et malgré mes remontrances, il voulut continuer à jouer, pensant ressaisir une seule fois, pour ne plus la lâcher, disait-il, cette fortune mille fois plus capricieuse qu'une jolie femme.

Vaine illusion ! cet or qui brillait menteusement aux yeux du nouveau Tantale, lui échappait toujours. Il vendit à mon insu une partie de son patrimoine, dont le prix fut bientôt dissipé. Que vous dirai-je ? Une dernière et suprême occasion se présentait pour lui de regagner ce qu'il avait perdu. On devait donner encore un grand bal, c'était, il m'en souvient, le 18 mars dernier. La même société s'était donné rendez-vous dans la même salle, qui était disposée comme pour la première fête. Mais quelle différence ! Georges perdait constamment, sur sa proposition on laisse de côté l'écarté, comme trop bourgeois ; on entame un Macao.

— Quel est donc ce jeu, je vous prie ? demanda Eugène Raimbaud.

—Ah ! vous ne le connaissez pas, je vous en fais mon bien sincère compliment.

Le *Baccarat* ou *Macao*, que depuis la manie des abréviations on appelle aussi *Mac*, comme on dit *soc* ou *réac*, est un véritable jeu de tripot, jeu infâme au premier chef, dont il est inutile de vous énumérer ici toutes les règles. Qu'il vous suffise seulement de savoir que le banquier ou les ponteurs gagnent lorsqu'ils ont 9, ou le point qui s'en rapproche le plus; s'il y a égalité dans le point, il n'y a rien de fait, le coup est alors à recommencer. Le banquier étant soumis aux oscillations des mises des ponteurs, sa perte peut, comme son gain, atteindre rapidement un chiffre très élevé.

Georges tint la banque, d'abord il eut quelque lueur d'espérance, il gagna plusieurs fois; mais les ponteurs indignés doublent, triplent leurs mises, et gagnent, en un clin-d'œil, tout l'or du malheureux banquier. Cependant celui-ci ne se tient pas pour battu, il veut s'obstiner, il joue sur parole; toujours même veine malheureuse.

Enfin Georges haletant, éperdu, le front baigné de sueur, propose de jouer sur un seul coup toutes ses pertes, qui se montaient à une somme énorme.

## VII.

Cette proposition si exorbitante est acceptée par les ponteurs. Dans ce duel à mort, un secret pressentiment lui disait qu'il devait gagner, et comme pour l'en convaincre, l'orchestre se prit à jouer la valse de Giselle.

—Ah! nous voici donc arrivés à l'explication de la brusque sortie d'hier au soir! demanda Eugène.

—Oui, car cette valse pendant laquelle il avait surpris le doux aveu de l'amour d'Hortense, semblait être pour lui, devenu superstitieux, le prélude d'un autre bonheur. Ce n'est point une erreur, il a 8 dans son jeu qu'il regarde en tremblant. Un éclair de joie brille dans ses yeux, car il n'avait qu'une chance contre lui, ivre d'orgueil, il abat ses cartes. Mais ô fortune aveugle, voilà bien de tes coups, tandis qu'il se réjouit, les ponteurs abattent 9 et gagnent.

**Georges était ruiné!...**

A cette vue, il devient d'une pâleur livide, deux grosses larmes coulent de ses yeux éteints, un drame horrible, infernal se passait en lui.

Par un raffinement d'amère ironie, Hortense, bercée par les soupirs expirants de la valse, se penchait amoureusement au bras d'un jeune notaire de la ville, rival préféré de Georges, dont elle aspirait avec délice les moindres paroles. Ainsi groupé, l'heureux couple lançait sur Georges un regard de raillerie et de mépris. Perdre ainsi en un instant, avec sa dernière illusion, fortune, amour, avenir, c'en était trop pour l'infortuné qu'on emporte évanoui.

Le lendemain, le beau, l'élégant jeune homme avait vieilli de dix ans, ses cheveux avaient blanchi en une nuit. Par moments, il était en proie à des crises nerveuses et à de véritables accès de folie, entremêlés de compliments et de reproches à Hortense. Il entonnait d'une voix sépulchrale la valse de Giselle, qu'il ne peut plus souffrir depuis le jour de sa ruine, et qui, ainsi chantée, avait l'air d'une lugubre parodie. Puis, debout sur son lit, faisant le geste d'une personne qui manie des cartes, il s'écriait avec un accent tantôt triomphant, tantôt suppliant à nàvrer le cœur: j'ai 8, mais j'ai 8 !! et il retombait terrassé, anéanti par la fièvre.

8 ! chiffre fatal, cabalistique en effet pour Georges, qui lorsqu'on le rapproche des évènements de sa vie, présente des coincidences si singulières, qu'on serait presque

tenté de croire à l'influence pernicieuse de la *Jettatura*.

Jugez en vous même : Georges est né le 8 septembre, le huitième mois de l'année 1818.

Il a tiré au sort le 8 mars le n° 28.

Un jour il faillit, dans un accès de gaîté folle, se casser une jambe en chassant 8.

Pour rien au monde il ne voudrait se trouver à une table où l'on serait 8.

Enfin, 8 est pour lui son mauvais point. C'est son point 13.

Une seule chose pourtant le consolait et le flattait même dans son malheur, c'est que, disait-il, puisque Napoléon a eu son Waterloo le 18 juin, il n'est pas étonnant que j'aie aussi eu le mien un 18.

—*Aussi* est charmant, s'écria en riant Eugène Raimbaud, c'est bien le cas de dire avec l'Ecclésiaste : *vanitas vanitatum !*

Mais avec une semblable monomanie, Georges ne peut finir que par une mort singulière.

—Vous croyez, reprit son ami, c'est aussi un peu ma crainte, je redoute une fièvre cérébrale, le tétanos, un suicide peut-être.

—Vous n'y êtes pas. Si j'en crois les fâcheux pronostics du chiffre 8, il mourra certainement d'une.... *Pituite !*

—Mauvais plaisant ! Vous commettez encore des calembourgs à votre âge ? Mais j'y pense, vous êtes Lyonnais, je parierais que vous voyez souvent M. Sauzet ?

—Peut-être ! reprit Eugène d'un ton majestueusement pincé.....

—Ah! alors je vous pardonne, car vous ne péchez que par imitation.

—Vous croyez...., mais nous voici bien loin de la fin de votre histoire.

—Mon Dieu, nous touchons au dénouement qui est aussi simple que celui d'une pièce du Gymnase Enfantin.

Georges resta dans un état voisin de la folie, plus de trois mois pendant lesquels je n'ai pas quitté son chevet. Sa raison altérée a repris quelque peu son empire, et c'est pour achever sa guérison que je l'ai conduit au Mont-Dore, j'espère beaucoup des distractions qu'on y trouve et surtout de l'air si pur qu'on y respire.

Cependant il est encore sujet de temps en temps à des rechûtes, comme hier au soir, par exemple, en entendant cette malheureuse valse de Giselle. Avec une pareille organisation il faut toujours être sur le qui vive. Puisse-t-il ne pas venir grossir encore le nombre des victimes enfantées par la fatale passion du jeu!

Maintenant, ajouta-t-il en finissant, car ils arrivaient au salon du Capucin qui était déjà garni de monde, vous comprenez parfaitement qu'une pareille histoire n'est pas du nombre de celle qu'on divulgue, je me fie donc à votre discrétion.

—Oh! vous pouvez y compter, lui répondit Eugène.

S'il ne tint pas tout à fait parole, il ne faut vraiment pas trop s'en étonner. Car comme le dit l'homme le plus malin du règne de Louis XIV, que l'on s'obstine, nous ne savons trop pourquoi, à appeler notre bon Lafontaine.

« Rien ne pèse tant qu'un secret.
« Le porter loin est difficile aux dames,
« Et je sais même sur ce point
« Bon nombre d'hommes qui sont femmes.

# Mœurs,
## USAGES ET COUTUMES.

**LA DUCHESSE DE BERRY.**

---

Il est peu de provinces en France qui aient conservé autant de foi que l'antique Auvergne. Il semble que ce sentiment inné chez l'homme, soit encore développé à un plus haut degré dans les populations voisines du Mont-Dore, que les merveilles de la création ont pénétrées d'enthousiasme pour leur divin auteur.

Aussi, les pratiques religieuses, les ex-voto, les Vierges miraculeuses de ce pays ne le cèdent, ni en nombre, ni en vénération, à celles de la Bretagne. La prière du montagnard Auvergnat suspendu au bord des précipices, ou perdu dans les neiges, est aussi fervente que celle du matelot implorant à genoux, au milieu des tempêtes, la protection de Notre-Dame de Bon Secours d'Auray.

Notre-Dame de Vassivières, Notre-Dame du Port, Notre-Dame d'Orcival et tant d'autres, sont autant de preuves à l'appui de cette opinion.

L'église du Mont-Dore qui est sous l'invocation de Saint-Pardoux, est trop petite pour les fidèles, bien qu'elle ait une galerie sur le devant. Le piédestal de la croix qui est près de l'église est fort ancien, à en juger par le style de ses bas-reliefs mythologiques. Tout porte à croire que c'est un fragment de la colonne de l'ancien Temple du Panthéon élevé par les Romains, dont la place est indiquée par des dalles décrivant un parallélogramme sur la place de l'Etablissement près de l'hôtel Bellon.

Chez les Auvergnats l'esprit religieux n'exclue pas la facétie. Ainsi, le jour de la St-Laurent qui est la fête du village du Mont-Dore, les étrangers ne furent pas peu surpris de lire l'année dernière, imprimée en gros caractères, l'inscription suivante qui se pavanait orgueilleusement sur les murs de l'Etablissement.

QUAND LE BON SAN LOURENS FUGUÉ MITA GRELIA, DIDIÉ BRI LE BOURÉ, MOUCHU ME FAU VIRA *.

Dans cet heureux jour de liesse et de joie, chacun fête de son mieux avec toute la cordialité montagnarde les parents et amis venus des environs. Grâce à quelques verres

* *Quand le bon St-Laurent fut à moitié grillé;
il dit au Bourreau, monsieur, il faut me retourner.*

de vin les têtes s'animent, et les langues déliées donnent un libre cours à des dialogues et à des chansons où éclatent toutes les qualités du dialecte Auvergnat, qui, par certaines de ses terminaisons autant que par la volubilité et la modulation de ses intonations, rappelle beaucoup les patois méridionaux.

La danse est en pareil cas le complément obligé des chansons. Pour n'y pas manquer on se réunit sur la place, où l'on danse au son de la musette, non pas la gigue, la pyrrhique, pas plus que le cancan ni la gargouillade, mais bien l'interminable bourrée du pays qui ne le cède en rien pour l'entrain et le brio aux célèbres bourrées Charollaises.

C'est dans ces rangs tumultueux que l'on retrouve encore certaines originalités de costumes, quelques hommes au large chapeau entouré d'une bande de cuir noir orné d'une ganse verte, rivalisent d'ardeur avec leurs danseuses dont l'habillement n'a rien de bien gracieux, mais dont quelques-unes sont coiffées d'une espèce de voile noir fixé sur la tête par un bandeau en fils de cuivre retenus transversalement par des liens en laitons et terminé à chaque bout par des ornements. Cette espèce de diadème campagnard, pour n'être pas aussi coquet que les plaques et les épingles dorées des blondes filles de la Frise, ne manque pourtant pas de caractère. Il est porté par les femmes de la Tour et de Chastries, et s'appelle le *fer* ou *serre malice*. Est-ce une épigramme, Mesdames? nous laissons à nos belles lectrices le soin de décider cette question délicate.

Qui le croirait? les loisirs forcés que la saison d'hiver, si longue et si rigoureuse, laisse aux habitants du Mont-Dore, ne les a pas rendus industrieux. Au lieu de se livrer comme les ingénieux habitants de St-Claude à la fabrication d'objets tournés, ou de confectionner des jouets et des joujoux d'enfants, comme les bergers Suisses, ils préfèrent, pour devenir marchands colporteurs, émigrer l'hiver de leur pays, où comme les hirondelles ils reviennent avec les premiers beaux jours du printemps.

Ce sont ces oiseaux voyageurs qui, à la saison des eaux, se trouvent métamorphosés en porteurs et en guides, tous tellement polis et avenants, qu'il n'est pas rare d'en voir s'expatrier pour aller servir quelque riche visiteur dont ils ont fait la conquête.

La grande affaire de ceux que leur âge ou leur position de fortune retient l'hiver chez eux, ce sont les procès.—Quand ils n'en n'ont pas ils en font.—Est-ce par cupidité, par ambition, par mauvaise foi? Point. C'est pour eux, isolés la plus grande partie de l'année, privés des conseils et des agréments des villes, une simple distraction. Les émotions d'un procès engagé le plus souvent pour les causes les plus puériles, ont tout l'attrait du jeu. Aussi en suivent-ils toutes les phases et les péripéties avec le même intérêt que les joueurs d'Echecs du cercle de Paris, calculent les chances d'une partie engagée par correspondance avec le cercle de Londres.

Mais cette belle ardeur fond avec les neiges, les parties belligérantes concluent une suspension d'hostilités qui ne sont reprises qu'au prochain hiver. — Que conclure de là ? c'est que même dans ces montagnes il y a des plaisirs pour toutes les saisons.

Il manquerait un trait essentiel à cette esquisse, si nous ne parlions pas de leur hospitalité qui n'a rien à envier à celle si généreuse des Ecossais. Grâce à elle, bien des proscrits ont pu venir en secret reposer leur tête sous le toit du montagnard, et laisser passer les tourmentes révolutionnaires.

Par une froide soirée de l'automne 1832, une chaise de poste arriva à l'hôtel Chabory. Cette visite insolite autant que les égards et le respect que témoignaient à une dame voilée les deux personnages qui l'accompagnaient, suffirent pour faire croire à la présence de la duchesse de Berry au Mont-Dore.

C'est une version généralement accréditée dans ce pays, que cette princesse fugitive vint y séjourner en compagnie de M. de Ménars.

Quelque degré de certitude qu'ait pris ce bruit, nous croyons pouvoir affirmer que si M. le duc de Ménars est en effet venu au Mont-Dore à cette époque, accompagné de deux personnes qu'on supposait être Madame la duchesse de Berry et Mlle Stylite de Kersabieck, sa fidèle compagne, c'était une feinte destinée uniquement à dépister la police de Louis-Philippe. Cette explication serait la seule vraie, d'après l'attestation positive qui en a été donnée récemment à Venise par une des trois personnes que l'on a fait figurer à tort dans cette épisode.

# PROMENADES

ET

Excursions.

# LES CASCADES

## DU ROSSIGNOLET ET DE QUEREUILH.

---

Voici une cascade qu'on serait tenté d'aller voir rien qu'à cause de son joli nom, eh! puis elle est si près de celle de Quereuilh. On prend, après avoir dépassé le hameau de Quereuilh (vulgairement nommé l'Ecureuil), la route de Randanne qu'on quitte bientôt pour un petit chemin qui conduit à un pont jeté sur la rivière du lac de Guery, qu'on laisse à droite ainsi que les rochers de la cascade de Quereuilh dont on devine le flot écumeux à travers les sapins. Après divers détours on revient vers la rivière, aux bords assez élevés en cet endroit, et d'où l'on aperçoit dans une espèce de demi-cercle entouré de sapins, la jolie cascade du Rossignolet dont le triple flot coule mollement sur son lit de rochers. On dirait une blanche créole paresseusement couchée sur son divan.

On descend dans le lit même de la rivière que l'on passe sur un pont très-primitif, car il n'est composé que de deux sapins, d'où l'on a bientôt rejoint la route de Randanne que l'on traverse pour s'engager dans une charmante prairie ombragée de sapins qui laissent apercevoir au reflet du soleil, une poussière humide, dont les teintes tour à tour blanches ou dorées prennent toutes les couleurs capricieuses de l'Arc-en-Ciel. Cette écume, cette vapeur qui tombe perpendiculairement d'une couche basaltique de plus de cinquante pieds, c'est la cascade de Quereuilh. — On peut l'admirer tout à son aise avec son sévère entourage, de l'amphithéâtre de verdure que de magnifiques sapins couvrent de leur ombrage protecteur. Des troncs d'arbres coupés ou détruits par les ouragans servent de stalles pour assister à ce spectacle; seulement comme ces stalles ne sont pas numérotées comme aux Italiens, elles appartiennent au premier occupant. Sous l'impression de la solitude du lieu et de l'espace restreint dans lequel s'agite ce drame de la nature, nous courions risque de tourner au spleen, sans les voix argentines de nos compagnes qui avaient planté leurs tentes dans le beau salon de verdure qui précède la cascade.

Au milieu d'un si joli cénacle, la conversation ne pouvait languir. Jamais dans ce salon champêtre, converti en bureau d'esprit, il ne s'était dépensé autant de fine fleur de galanterie et de folle gaité. C'était naturel, tout nous portait à la gaité, au plaisir. L'herbe était si soyeuse, les émanations de la brise, si embaumées, que nos jolies compagnes excitées comme nous par toutes ces coquetteries naturelles, voulaient dans leur désir de plaire lutter avec elles.

Dieu sait tous les gracieux madrigaux qui s'y débitèrent, l'enthousiasme gagnant, on voulut danser, lorsque, ô fortune inespérée! un émule de Collinet fit entendre les sons de son folâtre instrument. Jugez si son succès fut complet, jamais le Dieu Pan n'en obtint un pareil auprès des gracieuses Nymphes de l'Arcadie.

Ce divertissement improvisé avait mis tout le monde en si belle humeur, qu'elle se prolongea jusqu'à notre retour au Mont-Dore qui s'effectua en suivant la route de Randanne.

Une partie de la société voulant visiter la montagne du Barbier et celle de l'Angle, nous abandonna et revint au Mont-Dore par un chemin très-rapide et non moins caillouteux s'embranchant dans l'ancienne voie Romaine. Elle put alors admirer la vallée qui se présentait sous un curieux aspect, déjà voilée à moitié qu'elle était par le déclin du soleil. Mais toute médaille a son revers, le son des cloches des hôtels conviant nos curieux aux dîners les surprit au moment où ils commençaient leur mouvement de descente. Que leur importait le dîner? Ils étaient rassasiés d'admiration!

# Le Salon du Capucin,

## LE PIC DU CAPUCIN,

### La Vallée de la Cour.

---

De toutes les promenades du Mont-Dore, celle du salon du Capucin, mise à la mode par les dames, recommandée par les médecins, est sans contredit la plus fréquentée. C'est une véritable partie de plaisir, qu'on la fasse à pied ou autrement. Le trajet, en tous cas, ne parait pas long, égayé qu'il est par les détours du chemin qui vous initie à toutes les beautés de la partie de la vallée la plus rapprochée du village du Mont-Dore.

Ce salon est une jolie plate-forme ronde bordée de beaux sapins et de hêtres. Il est abondamment garni de bancs de gazon et de sièges rustiques, où l'on peut jouer, lire, causer et respirer à l'aise la précieuse odeur balsamique des sapins. Son pourtour de verdure est entrecoupé de petites allées qui dessinent des bosquets dans lesquels l'Administration des Forêts a su habilement ménager d'agréables points de vue. Des marchandes de gâteaux, de lait, et de bierre font les honneurs du lieu qui est loin d'être désert, car il s'y trouve toujours nombreuse société pour peu que le temps soit favorable.

C'était, il y a quelques années, encore un joyeux rendez-vous de fêtes et de danses où l'on accourait par troupes de trente et quarante personnes musique en tête. Tantôt on organisait dans cet agreste hippodrome des jeux et des courses de Bagues à cheval pour les guides, tantôt des courses pour les jeunes filles. Ce n'était pas le moins plaisant de l'affaire, car il s'agissait pour elles de casser une bouteille les yeux bandés, on les faisait ainsi partir de cinquante pas du but, et Dieu sait de combien d'incidents comiques était parsemé leur périlleux voyage, les unes tombaient, ou s'entrechoquaient, d'autres se donnaient des coups de bâton. Un mouchoir de soie, un bijou étaient le prix de la plus heureuse dont le triomphe était salué par la musique, et des bourrées frénétiques, qui couronnaient dignement ce curieux Colin-Maillard. Mais hélas ! ils sont passés ces jours de fêtes, le vent n'est plus aux plaisirs.....

Après nous être amplement reposés et rafraîchis, nous nous acheminâmes vers le Pic du Capucin, qui tire son nom d'un de ses prismes qui bizarrement détaché de la masse principale, ressemble, vu de loin, à la silhouette d'un moine encapuchonné. Nous pensions arriver au sommet en moins de dix minutes, mais après avoir marché bien plus longtemps dans la forêt, nous nous aperçumes un peu tard, que comme tant d'autres, nous étions victimes d'une illusion d'optique si commune dans les montagnes, qui consiste à faire croire les points bien plus rapprochés qu'ils ne le sont réellement.

En une demi-heure nous eûmes dépassé la forêt de sapins pour attaquer le cône même de la montagne qui devait nous conduire à son sommet verdoyant. Le coup-d'œil y est très curieux, car, en commençant par le Pic de Sancy et en décrivant un mouvement de droite à gauche, nous découvrions toute la vallée du Mont-Dore, le Puy-Gros, la Banne d'Ordenche, les villages de l'Usclade et de Murat et la montagne du Prégnioux, puis toute la vallée de St-Sauve animée par le cours de la Dordogne.

Nous nous approchâmes le plus possible

de l'aiguille de pierre, nommée le Capucin, qui est éloignée de plus de soixante mètres du corps même de la montagne. Mollement étendus sur l'épais tapis de thym, d'œillets, de bruyères et gentiane aux odeurs parfumées, nous assistions, spectateurs invisibles, aux événements qui se passaient dans le village du Mont-Dore, dont les acteurs nous apparaissaient comme les microscopiques habitants du royaume de Lilliput.

Ce Capucin a décidément du bon, il n'a pas la mine aussi renfrognée que son âge séculaire pourrait le faire craindre, car ses rides s'il en a, se cachent sous le teint fleuri de la jeunesse. C'est donc plus que jamais le cas de dire : *l'habit ne fait pas le moine.*

Nous serions restés longtemps encore en compagnie de ce séduisant Anachorète, si nous n'eussions aussi voulu jeter un coup-d'œil sur le vallon de la Cour qu'on nous avait beaucoup vanté.

## LE VALLON DE LA COUR.

Notre attente ne fut pas trompée, car après avoir marché quelques temps à travers les pelouses émaillées qui couvrent les crêtes des montagnes voisines, nous montâmes sur le puy d'Uclergue d'où nous atteignîmes bientôt un des bords du vallon de la Cour. Figurez-vous un immense cirque de verdure auquel des gisements trachytiques surmontés de prismes tantôt droits tantôt penchés servent de gradins. Mille petites sources s'échappant de ces flancs dénudés et le ruisseau d'Uclergue y prennent naissance. L'aspect de cette vallée, dont le bizarre contraste recèle quelque terrible mystère de la nature, nous reportait avec mélancolie aux premiers âges de la Création. Nous voulions descendre dans cette singulière vallée pour de là repasser par la gorge d'Enfer, dont elle n'est séparée que par des arêtes à pic, mais l'heure trop avancée nous força à penser au retour.

# LE SALON DE MIRABEAU,
# LA CASCADE DE LA VERNIÈRE,
## LE PLAT A BARBE,
## LA GRANDE SCIERIE.

Mirabeau! Pourquoi ce nom? vient-il du marquis de Mirabeau, si connu sous le nom de l'ami des hommes, mort en 1789? ou bien vient-il de son fils le célèbre comte de Mirabeau, le fougueux orateur? Vous n'y êtes pas, c'est au vicomte de Mirabeau, frère puiné de l'auteur *des Lettres à Sophie*, qui vint passer au Mont-Dore la saison de 1787, que le site que nous allions visiter doit son nom.

Pour y arriver on descend au hameau de Quereuilh, où l'on trouve un chemin à gauche, près du pont sous lequel passe la rivière du lac Guery qui va grossir un peu plus bas les eaux de la Dordogne. Ce chemin vous conduit en quelques minutes par une montée assez douce, dans une forêt de sapins où l'on ne tarde pas à découvrir une clairière presque circulaire, entourée d'arbres centenaires. De cette enceinte une vaste façade de rochers volcaniques, couronnée d'arbres, borne brusquement la vue du côté du Midi.

Des rochers recouverts de mousse, abrités par les palmes des sapins, y servent de sièges. Le vicomte de Mirabeau, grand amateur de bons vins et de plaisirs, auquel son embonpoint valut le surnom de Mirabeau *tonneau*, venait se délasser dans ce salon champêtre qui, dit-on, fut souvent le témoin discret des joyeuses parties qu'il y organisait en l'honneur des dames.

## LA VERNIÈRE.

Du Salon, on arrive à travers les beaux arbres de la forêt à Rigolet le bas, d'où l'on découvre bientôt ses vastes prairies, la vallée de la Bourboule, Murat le Quaire, et à droite l'imposant rocher de la Banne d'Ordenche. Peu après on rejoint la forêt que traverse un chemin bordé de hêtres magnifiques. C'est celui de la Scierie à Murat qu'on ne tarde pas à quitter pour un petit sentier qui donne accès dans le vallon de la Vernière.

Rien n'est plus agreste et plus paisible que ce charmant réduit dont le centre, occupé par un tapis de verdure, est abrité par une double masse de hêtres épais. Tout y respire le calme et la fraîcheur; le silence y serait éternel s'il n'était rompu, non point, comme on pourrait le croire, par quelque timide Amaryllis qui s'enfuit à votre approche, mais par la Naïade bienfaisante du vallon qui renaît à la vie sous ses humides caresses. Cette Nymphe qui cache pudiquement ses blanches épaules sous un épais rideau de feuillages, c'est la cascade de la Vernière dont les flots divisés au milieu de leur chûte par un rocher en saillie tombent en écume à vos pieds.

Assis sous les arbres qui forment le premier plan de ce joli tableau, on peut admirer à l'aise les proportions harmonieuses de cette cascade haute de sept mètres, qui est mystérieusement encadrée dans les doubles parois des rochers recouverts de verdure et d'où jaillissent les hêtres et les sapins qui lui servent d'ombrage.

Nous recommandons aux personnes qui veulent se désaltérer, l'eau ferrugineuse de la petite fontaine qui est à gauche, sa saveur légèrement acidulée est des plus agréables.

## CASCADE DU PLAT A BARBE.

En remontant par le chemin de la Scierie, on arrive en quelques minutes à une espèce de sentier très-rapide à peine tracé dans le bois de sapins du Gibaudet, dont les racines forment autant d'escaliers naturels pour descendre, moitié marchant, moitié sautant sur le bord d'un ravin très-resserré.

D'abord on n'y aperçoit rien, mais si, soutenu par un sapin tutélaire qui semble braver le torrent, vous vous penchez vers l'abîme, vous jouissez d'un spectacle inattendu. Un flot d'écume s'élance en serpentant dans un petit bassin dont la forme rappelle exactement celle d'un plat à barbe, pour retomber ensuite dans un plus grand, d'où il fuit échevelé en se frayant un étroit passage entre les rochers à pics d'où s'élancent d'audacieux sapins, dont quelques-uns renversés sur le lit du torrent paient leur témérité de leur personne.

Ce bruissement de l'eau, ces rochers renversés à vos pieds, ces arbres déracinés peuvent donner le vertige à certaines personnes trop impressionnables. C'est ce qui arriva, il y a quelques années, à une dame qui voulut prolonger un peu trop longtemps le plaisir de regarder l'eau tournoyante. Penchée sur la cascade, en proie à un étourdissement invincible, ses bras abandonnaient déjà le sapin protecteur, c'en était fait d'elle, lorsque son guide s'élance, l'enlève, et la dépose inanimée sur le gazon. Sa première pensée, en revenant à elle, fut la reconnaissance, et son premier regard pour son sauveur.

C'était un beau jeune homme brun, aux dents blanches et aux grands yeux noirs, vrai type de cette beauté mélancolique reproduite par Léopold Robert, chez lequel elle avait déjà remarqué avec plaisir une certaine recherche de langage relevée par une distinction naturelle de manières.

De la reconnaissance à l'amour il n'y a pas loin. Aussi n'apprit-on pas avec beaucoup de surprise, l'année suivante, que la sensible Etrangère, qui était libre et riche, avait épousé son libérateur.

## LA GRANDE SCIERIE.

Cinq minutes après avoir repris nos chevaux qu'on avait attachés sur la route, nous montâmes à la grande Scierie après avoir dépassé le petit moulin à scie du Gibaudet. Le chemin, encaissé d'un côté par des rochers blanchâtres, est bordé à droite par le ruisseau dans le lit duquel se trouvent d'énormes blocs de rochers détachés de la montagne, au milieu desquels croissent en abondance des sureaux à grappes rouges.

On quitte bientôt ce chemin resserré pour entrer dans une vallée assez large, bordée de prairies et de sapins, dans laquelle se trouve la grande Scierie où les guides ne manquent pas de vous rappeler qu'on se rafraîchit.

La halte qu'on y fait est des plus utiles, car elle permet aux hommes et aux chevaux de se reposer pour achever avec plus de plaisir le reste de la course.

En sortant de la Scierie, on pénètre dans la forêt en traversant d'abord le Pré Dernier, espèce de clairière où l'on trouve un hêtre et un sapin qui ont une souche commune, puis le Pré Grand, d'où l'on découvre le sommet du Capucin, et un vaste amphithéâtre planté de sapins et couronné par les rochers de Bozat.

Enfin, nous arrivâmes par un étroit sentier frayé dans le bois au salon du Capucin, où nous trouvâmes plusieurs personnes de connaissance avec lesquelles nous eûmes le plaisir de descendre au Mont-Dore pour le dîner.

# LA BOURBOULE LES BAINS,

## LA ROCHE DES FÉES,

## LA ROCHE VENDEIX.

---

Notre excursion était ce jour là, doublement intéressante, car, à l'agrément de nouveaux sites, allait se joindre encore l'intérêt bien naturel des eaux de la Bourboule, et les souvenirs historiques qui se rattachent à la Roche Vendeix.

Au lieu d'aller passer par le village de Murat, ou de suivre à pied ou à cheval le sentier qui longe la rive droite de la Dordogne, nous eûmes la malheureuse inspiration de prendre une voiture et de quitter la route, après avoir passé Genestoux pour suivre le lit de la Dordogne où notre guide nous affirma qu'il y avait un chemin de voiture. Il y en a un en effet qui cotoie la rivière quand il ne se confond pas avec elle, et que nous n'hésitons pas à proclamer infâme. Il semble que tous les rochers que l'eau ou la fonte des neiges ont chassés du Mont-Dore depuis la création, s'y soient donné rendez-vous. Après mille assauts livrés à ces aimables monolithes, nous nous trouvâmes en face du petit hameau du Quaire, voisin de la Bourboule, d'où l'on aperçoit sur la hauteur à droite le village de Murat et les ruines de son vieux château se découpant sur l'horizon.

En arrivant à la Bourboule qui se compose d'une quinzaine de maisons adossées à un rocher de granit très-escarpé, notre premier soin fut de visiter les sources Thermales qui sont au nombre de cinq, dont les principales sont celles du *Grand Bain*, du *Bagnassou*, de la *Fontaine des Fièvres* et de la *Rotonde*. Celle du Grand Bain alimente l'Etablissement Thermal qui se compose de huit baignoires et de douches de tous genres.

Leur température qui monte jusqu'à cinquante-deux degrés centigrades, est, comme on le voit, plus élevée que celle des sources du Mont-Dore, avec lesquelles elles ont du reste peu d'analogie. D'après l'analyse chimique qui en a été faite, l'hydrochlorate et le carbonate de soude y dominent, elles contiennent aussi à des quantités moins importantes du sulfate de soude, des carbonates de chaux et de magnésie, de la silice, de l'alumine, et des traces d'hydrosulfate de soude et de carbonate de fer.

Aussi, tandis que les eaux du Mont-Dore, sont surtout efficaces, dans les maladies de poitrine, de tous genres, les phtisies pulmonaires, les affections chroniques du cœur, de l'estomac, des intestins et de l'utérus, et dans certains rhumathismes les eaux de la Bourboule ont des propriétés bien différentes.

Si l'on en croit l'opinion des médecins les plus distingués et la longue expérience de M. Soucy, médecin-inspecteur de ces eaux depuis vingt-deux ans, elles sont bonnes pour les chloroses, les fièvres intermittentes, les rhumatismes fibreux ou articulaires, ainsi que pour les engorgements articulaires indolents et les maladies scrofuleuses et cutanées.

Il n'y a point d'hôtels dans ce hameau, les malades se logent tant bien que mal dans les maisons des habitants, quelques-uns sont admis dans la maison du médecin-inspecteur.

Il n'est pas douteux que ces eaux très-efficaces, prendraient une plus grande importance si les communications étaient rendues plus faciles, en établissant notamment un chemin de grande communication entre le pont de St-Sauve et la grange aux Rioux.

Pour l'acquit de notre conscience, nous allâmes visiter la grotte de la Bonne Femme qui n'a rien de curieux, puis la Roche des Fées où l'on ne tarde pas d'arriver en suivant la rive droite de la Dordogne. De sa butte de granit nous découvrions le cours de la Dordogne s'égarant sous les magnifiques ombrages du Bois de Charoude, et le petit village de St-Sauve bâti sur un plateau de grès rougeâtre. Suivant une légende populaire, le nom de cette Roche vient des Fées qui, dit-on, habitaient jadis la Bourboule, et qui en furent chassées par Aimérigot Marcel, leur terrible voisin de la Roche Vendeix.

Pour nous y rendre nous nous engageâmes après avoir traversé la Dordogne, dans la vallée de Fenestre, dans laquelle se trouve, entourée de sites très-sauvages et de forêts druidiques, non loin du ravin de l'Eau Salée et de la montagne de l'Aigle, la célèbre Roche Vendeix, sur laquelle était bâtie jadis une forteresse que commandait Aimérigot Marcel, surnommé le Roi des Pillards.

C'était un des chefs des *Grandes Compagnies* qui se formèrent après la bataille de Poitiers et qui grâce à la faiblesse du gouvernement du roi Charles VI, se livrèrent impunément à toutes sortes de déprédations.

### LA ROCHE VENDEIX.

Aimérigot Marcel, figure originale de l'époque, digne d'être conservée par les chroniqueurs et chantée par les poètes, était bien capable de commander de pareilles bandes. Retranché en 1390 au fort d'Aleuse qu'il livra lors de la trève de trois ans, conclue entre la France et l'Angleterre, Aimérigot ne tint pas la parole qu'il avait jurée de seconder l'expédition que le comte d'Armagnac dirigeait contre Galéas Visconti, usurpateur du Milanais. Il resta en Auvergne, et saisissant le moment où le duc de Bourbon s'était embarqué pour aller guerroyer en Afrique, il s'empara, au mépris de la trève, de la forteresse de la Roche Vendeix, que ses compagnons fortifièrent encore. Alors, au dire du naïf Froissart, *quand ils virent qu'il était assez fort pour tenir contre siège et assauts, et que tous les compagnons furent montés et pourvus, ils commencèrent à courrir sur le païs et à prendre prisonniers et rançonner et pourveoir leur fort de chairs, de farines, de cire, de vin, de sel, de fer, d'acier et de toutes les choses qui leur pouvaient servir. Rien n'était qui ne leur veneist à point, s'il n'estait trop chaud ou trop pesant. Le païs de là environ et les bonnes gens (qui cuidaient être en paix et repos parmi la tresve qui estait donnée entre les rois et les royaumes) se commencèrent à esbahir.*

Sur la demande de ces victimes, le Duc de Berry qui gouvernait pour le Roi pendant sa maladie, expédia en Auvergne pour réprimer tous ces ravages Robert de Bethune vicomte de Meaux qui, à la fin d'août 1390, mit le siége avec quatre cents lances et cent vingt arbalétriers devant la Roche Vendeix. Aprés un siége de six semaines, et pendant l'absence d'Aimérigot qui avait été secrètement demander du secours aux Anglais, Guiod d'Ussel son oncle auquel il avait laissé le commandement fut pris dans une embuscade, et la forteresse fut livrée au vicomte de Meaux puis abandonnée aux habitants du pays, *lesquels entendirent tantost à la désemparer, rompre et briser tellement qu'il n'y demoura muraille entière, ne habitation nulle, ne pierre l'une sur l'autre.*

A son retour Aimérigot, en apprenant ce désastre, s'enfuit chez le seigneur de Tournemine, son parent, qui pour se faire pardonner ses méfaits, livra l'infortuné roi des Pillards au duc de Berry, auquel le sénéchal d'Auvergne le conduisit à Paris sous bonne garde. *Là il fut jugé*, ajoute Froissart, *à mourir honteusement comme un traître à la couronne de France, il fut mené un jour en une charrette sur une place qu'on dit aux Halles, et tourné au pilori plusieurs fois, depuis on lisit tous ses forfaits pour lesquels il recevait la mort. On lui trancha la teste, et puis fut escartelé, et chacun des quartiers mis et levé sur une attache aux quatre souveraines portes de Paris.*

Telle est la très-véridique relation de la fin lamentable d'Aimérigot Marcel, qui avait fait de la Roche Vendeix un repaire de brigandages et de crimes.

Aujourd'hui ce cône basaltique escarpé de tous côtés, et présentant des arrêtes prismatiques de près de cinquante mètres de haut, ne laisse aucune trace de son ancienne importance.

A voir dans son superbe isolement, au

milieu des forêts, son plateau couvert de verdure et de fleurs, qui croirait qu'il a été le théâtre de tant de scènes sanglantes?

# LE PIC DE SANCY.

LA GRANDE CASCADE. — LA GORGE D'ENFER. — LA CASCADE DU SERPENT. — LE PUY FERRAND.

---

L'ascension de ce point culminant des Monts-Dores, ne doit pas être remise au lendemain, c'est une opération délicate qui demande à être saisie à propos, car ce géant de la montagne a ses caprices et ses vapeurs comme une petite maîtresse de la Chaussée d'Antin. Comme elle, il ne se hasarde à montrer la tête que par les belles journées où le soleil parcourt resplendissant son royaume d'azur.

Aussi il n'est pas de beau jour pendant toute la saison des eaux, où l'on n'y rencontre une nombreuse société de curieux. Il fait beau voir surtout l'audace des dames à se risquer dans les endroits les plus effrayants, d'où elles reviennent aussi fières et aussi glorieuses que si elles avaient touché le front immaculé de la *Junfrau*.

C'est par une de ces journées limpides que nous partîmes pour cette excursion si féconde en impressions et en richesses pittoresques de tous genres. La compagnie était nombreuse et variée, une dame d'une grosseur désespérante, formait avec quelques personnes curieuses de l'entendre, l'arrière-garde de la cavalcade. C'était une riche Marseillaise que l'originalité de son esprit relevée par son piquant accent méridional rendait tellement amusante, que nous étions décidés à la remorquer au péril de notre vie, jusqu'au sommet du Pic de Sancy.

Nous nous arrêtâmes un instant devant

la grande Cascade dont la nappe d'eau tombant de près de trente mètres, reflétait alors sous les rayons du soleil les teintes les plus capricieuses. Nous aurions pu comme quelques promeneurs aller examiner de près la brèche cintrée de trachyte d'où elle s'échappe si brusquement, mais la tête de la colonne impatiente, nous appelait pour nous faire remarquer le bouleversement occasionné, il y a quelques années, par une trombe qui non seulement a entraîné tout le terrain végétal, mais qui encore a fait rouler dans cette partie de la vallée de gros blocs de pierres à travers lesquels le chemin a été frayé.

Des troupeaux de chèvres qui des pelouses élevées où elles paissaient, ressemblaient à des souris, formaient un paisible contraste avec cette scène de dévastation.

Nous étions alors au milieu de la vallée, ayant en face un ravin d'une teinte rougeâtre et le Pic de Sancy, à droite, le nez de Berland, le vallon de la Cour et la Gorge d'Enfer, et à gauche le ravin des Egravats et le roc de Cuzeau. Emprisonnés de tous côtés dans les murailles éternelles formées autour de nous par ces montagnes géantes, sur lesquelles sont jetées comme à plaisir toutes les bizarreries de la Création, nous admirions avec étonnement ces tapis de verdure, ces obélisques, ces pics à dents aigues, ces cascades se précipitant éperdues des roches colossales; et toutes ces excentricités dont l'ensemble fantastique si varié de tons et de vives couleurs dépasse les rêves de l'imagination la plus désordonnée.

Bientôt nous arrivâmes près d'un *Buron* qui se trouve à droite, c'est le châlet d'Auvergne où l'on fabrique le fromage.

Nous eûmes la curiosité d'y entrer, mais son aspect assez malpropre, l'odeur nauséabonde qui s'en exhalait, nous firent abréger notre visite malgré les efforts d'un jeune garçon qui voulait à toute force nous initier aux mystères de la fabrication des fromages. Tout le charme de son éloquence ne put réussir à nous faire rester, et nous sortîmes plus pénétrés que jamais de cette vérité proclamée par Châteaubriand : « Chantez les châlets, mais ne les habitez pas !

## LA GORGE D'ENFER.

Du Buron nous prîmes à droite pour pénétrer dans la Gorge d'Enfer. Oui, c'est bien là l'image de la désolation et de la mort ! Ces tristes rochers, ces arbres déchirés, ces sapins privés d'écorces étalant leurs cadavres blanchâtres ne justifient que trop le nom lugubre de cette gorge. Il est difficile de se figurer un aspect plus horrible. Un immense rocher qui surplombe, aux pieds duquel sont couchés trois énormes blocs nommés les trois Diables, semblent en défendre l'accès. A mesure qu'on avance la végétation disparait, partout des rochers, dont quelques-uns, placés comme des vigies, semblent se dresser pour vous crier : Halte-là, on ne passe pas! L'un d'eux a même reçu un nom de baptême, si toutefois on peut dire sans blasphème, que ce qui tient au Diable de près ou de loin peut être baptisé. Il a reçu le nom de Cheminée du Diable. On conçoit que cette gorge étroitement resserrée entre les rochers, presqu'entièrement privée de soleil, doive être toujours très-froide. On y trouve de la neige et de la glace presque toute l'année, aussi est-elle d'une grande ressource pour les maîtres d'hôtels du Mont-Dore, pour faire des glaces et conserver leurs provisions.

En revenant sur nos pas, nous traversâmes la Dordogne formée par la réunion de la Dore et de la Dogne. Ces deux sœurs Siamoises s'échappent, en folâtrant, comme deux jeunes filles à travers les fleurs de la prairie, qu'elles abandonnent pour toujours, malgré les plaintes des cascades, et les gémissements des sapins que chaque matin retrouve couverts de pleurs.—Vains efforts, elles n'écoutent rien, et vont courir le monde jusqu'à ce que, victimes de leur imprudence et de leur orgueil, elles aillent se perdre..... dans la Gironde.

En montant par un chemin raboteux et très rapide au milieu d'un bois à peine peuplé d'arbres malingres, d'où l'on peut admirer dans tous ses gracieux replis la longue cascade du Serpent, dont les eaux transparentes, tantôt endormies, tantôt bondissantes glissent mystérieusement sur un lit bordé de sapins et de fleurs bleues et violettes, mille fois plus jolies que leur vilain nom latin.

La région boisée cesse bientôt pour faire place à la verdure uniforme, mais remarquable par la vigueur de sa végétation qui couvre tous les solitaires mamelons environnants. Quelques temps après, nous touchions aux marais de la Dore alimentés par la fonte des neiges, dont les bords étaient enrichis des fleurs les plus variées, et d'où l'eau ne tarde pas à s'élancer de cascades, en cascades pour aller rejoindre les eaux de la Dogne. En avançant vers la cascade on découvre en un clin d'œil toute la vallée et la Gorge d'Enfer, sur laquelle on plonge avec effroi le regard.

## LE PIC DE SANCY.

Mais le but de tous nos désirs était devant nous, nous brûlions d'y arriver, aussi eûmes-nous bientôt atteint le col qui sépare le Puy-Ferrand de son heureux rival le Pic de Sancy. Notre ardeur était d'autant plus excitée que l'aspect avait déjà changé. A la monotone nudité des mamelons qui formaient autour de nous un horizon assez rétréci, succédait une scène plus vaste, car nous entrevoyions la vallée de Chaudefour et toute la région qui est au levant. Nous mîmes donc lestement pied à terre, abandonnant nos montures à un de nos guides et à de jeunes bergers, pour gravir le pic. Les dames suivirent bravement notre exemple y compris notre colossale Marseillaise, auprès de laquelle Flore (des Variétés s'entend) eût été un véritable Zéphyr.

Mais hélas! cette femme superbe qui était restée en arrière avec deux jeunes gens, les seuls qui lui fussent restés fidèles ; soit qu'elle fût trop vivement émotionnée, ou trop serrée dans son amazone, se sent défaillir et s'évanouit. Aussitôt, un des jeunes gens de se précipiter à son secours et de se placer résolument en arc-boutant pour empêcher une chûte inévitable, qui, vu la rotondité du sujet, pouvait être des plus dangereuses. De son côté, son ami dénoue les brides du chapeau de la belle évanouie, d'où s'échappe une forêt de cheveux digne de l'Andalouse Marquesa d'Amaëguy, et vient inonder notre nouveau Décius qui, suffoqué autant par son énorme fardeau, que par l'odeur combinée de vanille et de benjoin qui s'exhalait de cette splendide chevelure, allait lui-même perdre connaissance.

Sa position était des plus critiques, malgré l'aide de son ami, lorsque fort heureusement, un Anglais vient au secours de l'intéressant trio qui formait alors un sujet de tableau digne des plus grands maîtres. *Oh!* s'écria-t-il, *il fo to de suite coper toutes les cordonnes à miledy!* et joignant l'application au précepte, il coupe corsage et lacets. Alors, le plus beau des désordres, s'offre à leurs regards éblouis, comme une vision voluptueuse, impossible, dont l'Anglais, nous rougissons de le dire, ne détourna pas le regard, malgré sa pruderie nationale...... Mais le remède avait été efficace, car bientôt notre héroïne rouvrit ses beaux yeux et ne vit pas sans quelque effroi le décolleté de sa toilette qui se trahissait aux yeux de la France et de l'Angleterre étonnées.

Heureusement pour elle, quelques dames

arrivèrent fort à propos pour réparer ce désordre indispensable, et on s'achemina vers le Pic de Sancy où le reste de la société commentait déjà cet incident passablement comique.

Nous étions enfin sur le sommet de la montagne la plus élevée du centre de la France. Tous instinctivement pressés sur l'étroit plateau d'où l'on ne voit pas sans effroi les croupes des montagnes et leurs profonds ravins, nous pouvions admirer à l'aise, l'horizon qui se déroulait à nos yeux étonnés.

En présence de ce sublime spectacle devant lequel, misérable atôme, l'homme perdu dans l'immensité, comprend sa petitesse et son néant, il nous semblait recevoir le don d'une seconde vue qui nous révélait magiquement les mystères de la Création. Du haut de ce gigantesque piédestal, nous planions orgueilleusement sur les sommets les plus élevés comme sur les plus humbles, couchés à nos pieds.

Quelle variété ! quelle magnificence ! Placés en face du village du Mont-Dore, qui semble un point imperceptible, nous embrassions d'un seul coup-d'œil tout l'ensemble de cette zône si curieuse, dont les pelouses, les ravins volcanisés, les cascades, les lacs, et les pics décharnés semblent se disputer la possession.

Nous distinguions parfaitement au nord, le groupe régulier des Monts-Dômes, à l'est les montagnes du Forez précédées par la Limagne, et du même côté dans la direction de la ville de Besse, les Alpes qui semblent un nuage blanchâtre, puis au midi la grande chaîne des montagnes du Cantal, et à l'ouest les montagnes de la Creuse et de la Corrèze.

Voici pour l'exactitude topographique ; mais ce qu'il faut renoncer à dépeindre, c'est la multiplicité des objets, les oppositions de paysages, de tons et de lumières qui surgissent de toutes parts dans ce panorama.

Jusque-là notre attention s'était portée si vivement sur les objets lointains, que nous n'avions pas encore remarqué les inscriptions gravées sur la pierre quadrangulaire autour de laquelle nous étions groupés et qui sert de point trigonométrique. Sur celle des faces qui porte la hauteur au-dessus du niveau de la mer à 1884 mètres, on lit cette inscription : *Emilie B\**.

Comme nous nous perdions en conjectures sur ce hiéroglyphe, un membre de l'Académie des Inscriptions et Belles Lettres, qui se trouvait là d'aventure, voulut bien nous l'expliquer. A son ton légèrement doctoral, nous croyions qu'il allait au moins nous raconter l'histoire d'une moderne Sapho qui s'était précipitée de ce nouveau rocher de Leucade. C'était une erreur, car ce prénom, selon lui, est celui d'une jolie Berrichonne que les lauriers de Mlle d'Angeville empêchaient de dormir, et qui s'imaginant que l'ascension du Pic de Sancy était un titre de gloire au moins égal à celle du Mont-Blanc, crut faire un trait de génie en faisant graver cette inscription sur la pyramide.

Quant à l'autre inscription : *Eugénie OLL\**, elle excitait trop vivement l'attention d'un de nos compagnons pourqu'il n'en connût pas la clef. Lord Arthur, L... avait, nous dit-il après quelques instants d'hésitation, remarqué dans un voyage qu'il fit dans une de ses terres du comté de Middlesex, la fille d'un ministre protestant, dont il devint éperduement amoureux. Malgré ses pompeuses promesses, il ne put parvenir à séduire Eugénie qui avait encore plus d'ambition que de beauté. Elle ne consentit à le suivre que pour se rendre à *Greetna Green*, où le marteau du grand prêtre forgeron cimenta leur union. Venu en France pour y passer la lune de miel, l'heureux couple visita le Mont-Dore, et les deux époux se jurèrent ici, à la face du ciel et de cette nature si imposante, une fidélité éternelle. C'est de ce serment que lord Arthur a voulu perpétuer le souvenir par ces mystiques initiales.

—En vérité, reprîmes-nous, voilà une charmante idée, originale comme en ont si souvent les Anglais, c'est un pélerinage à recommander aux jeunes mariés.

—Pas trop.—Pas trop, ajouta notre mélancolique narrateur.— Eh ! pourquoi donc?—Parceque... cette jeune épouse qui avait fait de si beaux serments de fidélité, a été surprise deux ans après en conversation criminelle avec un membre de la Chambre des Communes, à la grande colère de lord Arthur, qui tout en faisant prononcer son divorce, a obtenu contre son complice dix mille livres sterling de dommages-intérêts. — Vous connaissez donc les héros de cette histoire ..... oui ! reprit-il en soupirant. Puis il tomba dans une sombre rêverie.

Nous respectâmes sa douleur et nous descendîmes du Pic de Sancy pour aller rendre visite à son voisin le Puy-Ferrand, sur les épais tapis duquel nous pûmes considérer à l'aise le lac Pavin, et la Gorge de Chaudefour si pittoresque et si gracieuse d'où s'échappent des fissures de rochers lancés capricieusement dans le vide, les eaux bondissantes de la Couse. Près de nous étaient le Pic de l'Aiguille et le Puy de Cacadogne. Plus loin le château du Murol, le lac Chambon, St-Nectaire, Issoire et toute la Limagne complétaient ce riche tableau si fécond en contrastes de tous genres. Nous aurions volontiers commandé au soleil de s'arrêter pour nous laisser jouir plus longtemps de cet admirable coup-d'œil, mais nous n'avions pas la puissance de Josué, et il nous fallut trop tôt, à notre gré, nous arracher à toutes ces splendeurs.

# VASSIVIÈRES.

## LE LAC PAVIN ET LE CREUX DE SOUCY.

### Besse.

---

Le lendemain après avoir dépassé le col qui sépare le Pic de Sancy du Puy-Ferrand, nous descendîmes à Vassivières à travers des montagnes couvertes d'herbages, mais dépourvues d'arbres. A droite nous découvrions le lac Chauvet, à gauche le lac Pavin, qui de ce point ressemblait à un croissant bleu, et en face le mamelon boisé de Montsineire, au bas duquel se trouve le lac du même nom. Le paysage est assez monotone, les montagnes sont nues et ont perdu leurs formes étranges.

Notre premier soin fut de déjeûner en arrivant à Vassivières, pauvre petit hameau couvert de neiges la majeure partie de l'année, habité seulement pendant l'été, mais célèbre par la statue de Notre-Dame de Vassivières qui est placée dans une chapelle gothique du XVI<sup>e</sup> siècle. Cette image miraculeuse sous les traits d'une femme à figure noire est placée dans une petite chapelle latérale, à gauche, où elle est exposée à la vénération des Fidèles ; au-dessus de l'autel, dans une niche défendue par une grille dorée. Des ex-voto, des béquilles, des fœtus en cire, etc., sont appendus aux murs de la chapelle comme autant de pieux trophées. Sa réputation ne le cède en rien à celles de St-Janvier et de Ste-Rosalie.

Les habitants de Besse avaient pensé être agréables à Notre-Dame en lui offrant l'hospitalité dans une somptueuse chapelle, mais grand fut leur désappointement lorsqu'ils apprirent qu'elle était retournée seule *motu proprio*, dans son humble demeure de Vassivières. Après maints pourparlers, et par suite de sa volonté si clairement exprimée, on convint que le deux juillet, jour de la fête de Notre-Dame de Vassivières, on la transporterait chaque année, solennellement, de l'église de Besse à Vassivières, où elle resterait jusqu'au vingt-deux septembre pour être ramenée à Besse. Ces deux cérémonies se font processionnellement, et donnent lieu à des fêtes et à des pélerinages où accourent plus de vingt mille personnes venues de plus de deux cents lieues.

## LE LAC PAVIN.

Trois quarts d'heure après avoir quitté Vassivières, nous arrivions par un petit chemin qui s'embranche sur la route de

Besse, vers ce fameux lac Pavin, dont le premier aspect justifie bien la sombre étymologie. Figurez-vous un immense entonnoir dont la lave d'un volcan voisin, le Puy de Montchalme, a formé les rebords, et au fond duquel semble dormir, tant elle est immobile, une eau noirâtre comme celle du noir Achéron. Bien que sa source soit encore un mystère, l'eau ne s'en échappe pas moins par une échancrure qui forme la petite rivière de la Couze-Pavin qui passe à Besse. C'est le contraire qui se présente au lac de Montsineire dont on voit bien la source, mais où l'issue est inconnue.

Devant un tel phénomène, nous fûmes d'abord tristement impressionnés, mais peu à peu nous revînmes à des idées plus riantes, car, si en face de nous, les parois abruptes de l'ancien cratère se dressaient tristes et dénudées, nous pouvions nous égarer dans les sentiers fleuris qui se perdent dans les jolis bois de hêtres qui garnissent le côté droit du lac. Au milieu de ces gazons émaillés des mille fleurs odorantes des montagnes, on oublie bien vite qu'on côtoie un abîme qui a près de cent mètres de profondeur.

Nous les abandonnâmes à regret pour gravir le volcan de Montchalme d'où nous découvrions très bien le Montsineire, et nous arrivâmes bientôt au *Creux de Soucy*. C'est un puits à l'orifice assez étroit qui n'a de curieux que sa profondeur que l'on porte à vingt mètres. On présume que ses eaux se jettent dans le lac Pavin.

### BESSE.

Nous eûmes bientôt rejoint la route de Besse qui a l'honneur d'être le chef-lieu de canton du Mont-Dore. Tout en examinant les petites fleurs bleues des champs de lins qui s'épanouissaient au soleil, notre guide Augeyre cadet, brave et digne garçon s'il en fut, nous racontait les tribulations des malheureux plaideurs qui, bloqués par les neiges, sont obligés pendant l'hiver, d'aller passer par Rochefort et Clermont, et faire ainsi plus de deux cents kilomètres, pour venir à la Justice de Paix de Besse.

Ceci n'est point une charge, au moins, mais une vérité qu'il suffit d'énoncer pour démontrer toute l'absurdité d'une pareille circonscription, que l'on ne saurait laisser subsister plus longtemps, sans être taxé d'inhumanité.

Besse est sans contredit une de ces rares villes, comme Berne, ou Bruges, par exemple, dont le cachet d'ancienneté est resté si intact, qu'on serait tenté de croire que le marteau de la civilisation les a épargnées. Il n'est certainement pas de ville en Auvergne qui ait conservé à un plus haut degré son caractère historique. Pour y entrer on pénètre par un porche très bas sous l'ouverture ogivale de la tour de l'horloge, dont le curieux campanille est revêtu de plomb, sur lequel sont repoussés des ornements en arabesques.

A la vue de toutes ces précautions militaires d'un autre âge, de ces remparts, de ces machicoulis, on pourrait se croire rajeuni de quatre ou cinq siècles, n'était le bonnet phrygien tricolore, oui tricolore, dont on a jugé à propos d'affubler l'horloge. Sans cet insigne révolutionnaire, l'illusion continuerait certainement, car toutes les maisons de la ville, construites en pierres de taille noires, ont pour la plupart des portes ogivales ou à plein cintre, tandis que d'autres sont ornées d'écussons, de niches et de médaillons.

On montre dans une des petites rues de la ville, la maison dite de la reine Marguerite de Navarre, où, dit-on, elle vint habiter. Nous ajoutons assez peu de foi à cette tradition populaire. Il est cependant possible que cette reine, si galante, qui recevait ses amants dans un lit éclairé avec des flambeaux, entre deux linceuils de taffetas noir, ait honoré quelquefois Besse de sa visite. Car après avoir quitté Carlat, où elle eut pour amant Aubiac, *escuyer chétif, rousseau et plus tavelé qu'une truite*, elle a résidé dans la forteresse d'Usson près Issoire. Au dire de l'auteur anonyme du divorce satyrique, Dieu sait, et toute la France aussi les beaux jeux qui en vingt ans s'y sont joués et mis en usage. La Nanna de l'Arétin, ni sa Sainte ne sont rien auprès *.

L'église sous le vocable de St-André est fort ancienne, à en juger par la naïveté avec laquelle sont exécutées les scènes de la vie de Jésus-Christ, le Jugement de Salomon et autres qui ornent les corniches des colonnes de la nef.

Dans la chapelle St-Roch, qui est à droite en entrant, se trouvent des sculptures grotesques représentant le Sacrifice d'Abraham,

* Pierre de l'Etoile.— Cologne 1663.

et Moïse au Mont-Sinaï. En avant du chœur qui est plus moderne que le reste de l'église, car il porte la date de 1551, on remarque le maître-autel qui est surmonté d'une niche d'un très joli effet.

Cette église, eu égard à l'importance qu'elle avait prise à cause de Notre-Dame de Vassivières, dont la réputation miraculeuse remonte à plus de trois cents ans, était desservie jadis par un grand nombre de prêtres.

En sortant nous parcourûmes le reste de la ville qui était autrefois la propriété de la célèbre maison de Latour d'Auvergne. D'anciennes fontaines et des remparts encore très bien conservés du côté du Levant fixent surtout l'attention. La vue de ce point est très étendue, car nous voyions se détacher pittoresquement des plaines de la Limagne, l'église de St-Pierre Colamine, bâtie au sommet d'une montagne isolée.

## LA VALLÉE DE CHAUDEFOUR.

Nous quittions Besse le lendemain, pour revenir au Mont-Dore par la vallée de Chaudefour qu'on nous avait beaucoup vantée. Après avoir passé le ravin où coule non sans fracas la rivière du lac Pavin, nous atteignîmes bientôt les hameaux des Vialatoux et de la Bouhay, d'où nous dîmes un dernier adieu à la curieuse ville de Besse.

Bien que des longs plateaux déserts que nous traversions on jouisse d'une très-belle vue, puisqu'on découvre le Forez, la Limagne et le Puy-de-Dôme, le chemin privé d'autres éléments de distractions que les aigles tournoyants sur vos têtes, paraît long et assez triste. Aussi n'est-ce pas sans plaisir qu'après une heure et demie de marche on arrive sur le bord de la vallée de Chaudefour, dont l'aspect de ce point est des plus magnifiques. C'est peut-être de tous les environs du Mont-Dore celui où la nature s'est montrée la plus capricieuse et la plus variée. En descendant du côté du village de Mounaux, tandis que nous laissions à notre droite, au bas de la vallée, le joli village de Chambon, ayant en face de nous des plateaux verdoyants ; au-dessous d'eux nous apparaissaient des côtes entremêlées d'arbres et de rochers, dont les deux premiers se nomment les Rochers Jumeaux.

Mais ceci n'est qu'un prélude des beautés qui vous attendent, ce n'est qu'après avoir traversé les flots naissants de la Couse qu'on se trouve en présence d'un spectacle des plus singuliers et des plus saisissants.

Tandis que des forêts de hêtres et de bouleaux forment un puissant massif de verdure sur la gauche de cette vallée si pleine de grâce et de sauvagerie ; à droite se dressent semblables à de gigantesques jeux d'orgues, des aiguilles fantastiques de laves, dont la plus imposante est celle dite la *Pierre de la Rancune*, qui s'élance orgueilleusement comme un obélisque de son piédestal de verdure. Au fond coulent silencieusement une cascade et une myriade de filets d'eaux, aux quelles leurs longues traînées, scintillantes sous les rayons du soleil, comme des flots phosphorescents, ont valu le nom de *Fontaines Eclairantes*.

Ce sont ces sources, qui ainsi que nous l'avions déjà vu du Puy-Ferrand, donnent naissance à la rivière de la Couse. Son doux murmure mêlé au chant de quelques rares oiseaux, vient seul troubler le calme de cette vallée, dont les beautés toutes romantiques vous ont séparé un instant des banalités du monde réel.

En revenant sur nos pas pour sortir de la vallée nous traversâmes le petit village et la jolie gorge de Mounaux, au fond des bois de laquelle jaillit une cascade. Arrivés sur le plateau nous découvrions Chambon, et son lac, Murol et la Limagne, puis, lorsque nous eûmes commencé à marcher sur la voie Romaine, facile à reconnaître par des pierres de taille et des vestiges de pavage encore très apparents, les cîmes des montagnes opposées commencèrent à poindre devant nous. Avec le petit ravin qui forme la grande cascade du Mont-Dore, nous apercevions les montagnes de sapins du Capucin, du Rigolet et de la Scierie, tandis qu'au loin l'œil s'égare à l'infini, sur le Puy-Gros, la Banne d'Ordenche, Murat, St-Sauve et une multitude de villages perdus dans des fouillis de verdure.

Nous fûmes bientôt en vue du village du Mont-Dore, sur lequel nous planions littéralement. Vu de ce point, il ressemble beaucoup, à cause de la régularité de ses rues, à un plan pris à vol d'oiseau. On pourrait facilement compter les promeneurs qui circulent sur celle de ses places qu'à sa figure ovale on serait tenté de prendre pour une vaste baignoire.

# LE LAC GUÉRY,

## LES ROCHES TUILIÈRE ET SANADOIRE.

---

Une partie du chemin pour se rendre au lac Guéry est très agréable, car on suit la route de traverse de Randanne au Mont-Dore au milieu des bois de la Chaneau, dont les sapinières sont entremêlées de petites cascades et de verdoyantes clairières. Après une petite heure de marche nous revîmes avec plaisir le pic du Capucin et celui de Sancy dorés par les rayons d'un beau soleil. Quelques temps après nous prenions un chemin sur la gauche, qui, de la région boisée, nous conduisit à travers des plateaux monotones au lac Guéry qui est entouré d'un paysage fort triste. Sa figure à peu près arrondie, s'allonge un peu du côté où sa nappe d'eau limpide s'échappe pour former le ruisseau auquel il a donné son nom, et qui se jette dans la Dordogne au-dessous de Quereuilh.

Si ce lac n'a rien de bien riant, la cascade qui le domine est en revanche d'un joli effet, quoique peu élevée, car elle s'échappe par les mille fissures de prismes pittoresques, auxquels les sorbiers et les sureaux à grappes rouges comme le corail, forment un délicieux encadrement.

# LES ROCHES
# TUILIÈRE ET SANADOIRE.

---

Après quelques instants de repos employés à faire une ample provision de fleurs de tous genres, et surtout de digitales pourprées, si communes dans toutes ces régions, nous continuâmes notre course à travers un beau bois, vers la roche Sanadoire, que nous atteignîmes après nous être arrêtés un instant auprès d'une jolie cascade enfoncée dans des massifs d'arbres.

De la pointe de cette roche nous avions

en face de nous la roche Tuilière, qui semble former avec sa rivale, deux pyramides gigantesques, composées de prismes droits, inclinés ou tordus du plus bizarre effet. Vous diriez les restes d'une porte qui autrefois aurait fermé l'entrée de cette charmante vallée, sur laquelle nous plongions le regard à une très grande profondeur.

Rien n'égale l'originalité de ce site sauvage auquel l'histoire vient encore ajouter son prestige, car la roche Sanadoire était au XIVe siècle une forteresse réputée imprenable, longtemps occupée par une troupe d'Anglais pillards qui ravagèrent l'Auvergne pendant plusieurs années. En 1385, Louis, duc de Bourbon, après s'être emparé du château de Montpensier, où mourut Louis VIII, empoisonné par Thibault, amant de la reine Blanche, se rendit à Clermont où il convoqua la noblesse d'Auvergne.

Là il fut convenu qu'on attaquerait sans retard la roche Sanadoire, qui était alors commandée par Robert Canole, dit Chennel, dont la triste célébrité s'était répandue non seulement en Auvergne, mais encore jusque dans le Languedoc. Malgré son courage et celui de cinq autres capitaines Anglais, la place fut prise d'assaut après un siège de trois semaines. La forteresse fut complétement rasée, aussi n'en retrouve-t-on aucune trace.

C'est en vain que, placés sur ses antiques fondations, nous évoquions le souvenir de ces valeureux hommes d'armes, et de ces sanglantes épopées du Moyen-Age, le silence éloquent de la solitude seul nous répondait.

# LE LAC CHAMBON,

## LA DENT DU MARAIS,

## MUROL ET SON CHATEAU.

---

On peut aller et revenir du Mont-Dore à St-Nectaire en un jour, en voiture, mais comme nous voulions voir le lac Chambon et la Dent du Marais, nous préférâmes coucher à St-Nectaire, pour ne revenir que le lendemain au Mont-Dore.

Arrivés au-dessus du bois de la Chaneau

qui finit avec la vallée, en vue de la montagne de la Tâche, nous quittâmes près du puy de la Croix-Morand, la petite route de Randanne, pour descendre à travers des montagnes entièrement dépourvues d'arbres, mais couvertes de pâturages, de burons et de troupeaux, vers le puy de Diane dont la forme rappelle exactement celle d'un pain de sucre épaté. Le petit hameau de Diane que l'on trouve en tournant ce puy est le point habité le plus élevé de tout le département.

Le lac Chambon, la vallée de Chaudefour, le puy Ferrand, et les montagnes vaporeuses du Forez, nous apparurent au moment où nous arrivions dans une nouvelle vallée très spacieuse, d'où nous aperçûmes sur la crête d'un grand mamelon isolé, les ruines du beau château de Murol, qui semble commander à tout le pays environnant.

En arrivant à Murol qui est très joliment situé aux pieds du puy du Tartaret, notre premier soin fut d'y déjeûner, et de nous rendre ensuite au lac Chambon.

Il est peu de sites aussi gracieux que les bords ombragés de ce lac, dont les belles eaux azurées comme celles du Léman, contrastent bien agréablement, avec la teinte lugubre du gouffre du Pavin. De belles prairies parsemées d'arbres, des îlots verdoyants qui se mirent coquettement dans ses eaux transparentes, donnent à cette belle nappe d'eau traversée par la Couse, une physionomie toute champêtre, à laquelle le joli village de Chambon, la Dent pittoresque du Marais, et les scories rougeâtres de l'ancien volcan du Tartaret viennent donner un caractère étrange.

Non loin de nous était assis un pêcheur qu'à son accoutrement nous ne pouvions prendre pour un naturel du pays, mais bien pour un touriste de la plus belle espèce. C'était un beau jeune homme coiffé d'un chapeau de cuir noir, assez semblable à celui des matelots, qui portait en sautoir un binocle enfermé dans un étui de cuir ; un vêtement assez léger, des souliers ferrés et des guêtres de cuir complétaient son costume. A ses côtés étaient un manteau de toile gommée très fine et un étui de cuir en forme de pupitre. Mais le plus curieux était sans contredit son attirail de pêche, qui se composait d'une ligne s'adaptant à son bâton ferré, et d'une boîte d'amorces sous forme de mouches et d'insectes de toutes les couleurs. Ces amorces artificielles fabriquées très habilement avec de la laine, de la soie et de la gomme, étaient fort du goût des poissons dont il nous fit voir avec orgueil une collection déjà très respectable.

Dans la crainte de le troubler trop longtemps dans son occupation favorite, nous continuâmes notre course vers le grand rocher volcanique de la Dent du Marais ou Saut de la Pucelle, que nous avions à notre droite, et les ruines du château de Varennes d'où la vue est fort belle. Les charmes de ce beau site, une certaine conformité avec les environs du lac d'Aydat décrits par Sidoine Appolinaire, évêque de Clermont et gendre d'un Empereur Romain, ont fait penser que l'*Avitacum* de Sidoine était situé près du lac Chambon, mais l'opinion la plus générale est que c'est sur les bords du lac d'Aydat que le savant évêque fixa sa résidence.

## LE CHATEAU DE MUROL.

De retour à Murol, nous montâmes au château qui est sans contredit un des plus curieux et des plus pittoresques monuments de l'architecture du moyen-âge, bâti au sommet d'un cône volcanique comme un nid d'aigle. On pense que c'est l'ancien *Meroliacum castrum* dont parle Grégoire de Tours, qui fut pris au commencement du VIe siècle sous Théodoric. Les ruines grandioses que l'on voit actuellement ne paraissent pas remonter plus haut que le XV⁰ siècle. Ce château appartint successivement à la famille de Murol qui compte un Cardinal parmi ses membres, puis à la famille d'Estaing. Il fut vendu en 1770 à M. de Lagarlaye, évêque de Clermont, et passa ensuite à la famille de Chabrol, dont l'un des membres, M. le baron Maurice de Chabrol, ne s'est réservé que le château.

Une pauvre fille à qui ce dernier, dans une intention toute charitable, a permis de conduire les visiteurs, nous fit voir toutes les ruines de ce château, dans lequel il ne reste plus rien de curieux, car les vandales et les antiquaires y ont passé. On y a enlevé de très-belles boiseries, d'anciennes armures et des monnaies. Nous pénétrames à travers les débris dans une cour intérieure, d'où l'on monte au sommet de la grande tour circulaire, du haut de laquelle on jouit du coup-d'œil général de tout le pays environnant. A l'est est St-Nectaire, et, au second plan, une partie de la Limagne ; au sud le bourg de Murol sur lequel on plonge, et plus loin le clocher de St-Victor, puis Besse ; à l'ouest enfin le volcan du Tartaret, ses alentours boisés, le lac Chambon et la vallée de Chaudefour avec les pics qui la dominent.

Nous reprimes en redescendant à Murol, nos voitures pour continuer notre course vers St-Nectaire. Le chemin que l'on prend en sortant de Murol nous causa un vif étonnement, car il traverse une série de mamelons volcaniques. A l'aspect de cette région torréfiée, parsemée de laves vomies par l'ancien volcan du Tartaret, au milieu desquelles, chose étrange, s'élancent de vigoureux frênes, on pourrait se croire dans un pays habité par des Cyclopes. Ces monticules si excentriques nous conduisirent jusqu'au village de Sachapt, non loin duquel est une jolie chûte d'eau formée par la Couze, que l'on nomme la Cascade *des Granges*.

Une demi-heure après nous descendions à St-Nectaire-le-Bas, à l'hôtel Boëtte. Au moment où nous y arrivions, un troupeau de moutons immobiles, serré comme un essaim d'abeilles, aspirait l'air frais du soir sur une pointe de rochers chaudement éclairée par les rayons du soleil couchant. C'eût été un beau sujet de tableau pour Brascassat, ou Mlle Rosa Bonheur.

# SAINT-NECTAIRE,

### SES SOURCES MINÉRALES ET INCRUSTANTES,

## Son Église.

---

Une journée entière est à peine suffisante pour visiter toutes les curiosités si variées qu'offrent St-Nectaire et ses environs qui sont arides et sauvages pour la plupart. Aussi notre premier soin, après un copieux dîner, fut de visiter l'établissement des bains Boëtte, dont nous n'étions séparés que par une allée de tilleuls. Il est adossé à la montagne d'où sourdent deux sources d'eaux minérales abondantes, d'une température de 40 à 44 degrés centigrades. Elles sont administrées sous toutes les formes prescrites par le médecin-inspecteur, à l'aide de quinze baignoires toutes munies d'appareils de douches ascendantes et descendantes. Les sources sont du reste tellement nombreuses (on n'en compte pas moins de 42 dans un rayon très circonscrit), qu'indépendamment de cet établissement qui nous a paru le plus important, se trouvent tant à St-Nectaire-le-Bas, qu'à St-Nectaire-le-Haut, d'autres établissements appartenant à MM. Mandon, Vernière et Salveton, qui sont alimentés par des sources dont la température varie de 22 à 44 degrés centigrades.

Les principales sont la grande et la petite source Boëtte, les sources Mandon, et la source du mont Cornador. D'après leur analyse chimique, elles contiennent principalement du bicarbonate de soude, du chlorure de sodium, du sulfate de soude, et en moins grande quantité, des bicarbonates de chaux et de magnésie, et un peu de carbonate de fer.

D'après les observations consignées par M. le docteur Nivet dans son Dictionnaire des eaux minérales du Puy-de-Dôme, les eaux de St-Nectaire sont stimulantes, alcalines et ferrugineuses. Elles sont très énergiques, et conviennent aux personnes dont la constitution est molle et scrofuleuse, et le tempérament lymphathique. Elles sont prescrites pour les leuccorrhées atoniques, les engorgements de l'utérus, les phlegmasies invétérées de la muqueuse urinaire, les gastroentéralgies, les engorgements du foie et de la rate, les calculs des reins et de la vessie, la gravelle, la goutte, les fièvres intermittentes rebelles, les paralysies nerveuses et rhumatismales, et les rhumatismes internes et externes.

Les propriétés médicinales des sources de St-Nectaire-le-Bas, sont plus efficaces que celles du mont Cornador.

Mais ces propriétés ne sont pas les seules dont jouissent les sources de St-Nectaire, grâce à d'autres éléments minéralisateurs, elles servent encore à former des incrustations et des pétrifications comme à la fontaine St-Allyre de Clermont. Les principaux établissements de ce genre sont ceux de MM. Pierre Serre et Percepied, dont les produits ainsi que tous ceux de St-Nectaire, sont supérieurs à ceux de St-Allyre.

Le lendemain nous nous dirigeâmes vers St-Nectaire-le-Haut, après avoir remarqué à la croisière qui y conduit, une petite croix sur laquelle est sculpté un Christ dont le style dénote l'antiquité. Rien n'est plus triste et plus pittoresque que la partie du vallon arrosée par un maigre ruisseau qui sépare St-Nectaire-le-Bas de St-Nectaire-le-Haut, dont on aperçoit bientôt l'ancienne église bâtie sur un mamelon en avant des grottes de Châteauneuf. On nous fit remarquer en passant la petite maison élevée récemment par M. Serre sur une source minérale qu'il a découverte.

Notre première visite fut pour l'Etablissement où M. Percepied, l'émule de M. Serre, prépare ses inscrustations. On satisfit à notre curiosité avec beaucoup d'empressement. Les moules des objets que l'on veut soumettre à cette opération sont en soufre, ils sont disposés en étagère et restent exposés environ deux mois à l'action de l'eau pétrifiante qui tombe continuellement dessus. Lorsque la matière pétrifiante a acquis un degré suffisant d'épaisseur, on retire les moules ainsi recouverts de matière pour les faire sécher, puis on en brise les rebords et la figure en relief sort intacte.

On obtient par ce procédé de très jolis objets, des sujets gracieux, ou de dévotion, de charmants groupes, et des reproductions très fidèles de tableaux, entre autres, de quelques-uns des chefs-d'œuvres de l'école Flamande.

Pour compléter notre visite, on nous fit voir un ancien bain Romain qui se trouve dans la première grotte qui sert de laboratoire. En dehors surgissent de grands rochers, dans les flancs desquels se trouvent à l'envie et à une grande profondeur, des vases, des tuiles et des objets de poterie ancienne. Ce n'était pas encore tout, à l'aide d'une torche on nous introduisit dans une seconde grotte, dans laquelle est enfermé un petit lac sur lequel surplombent de la voûte de nombreux stalactites.

Il y a chez Mandon une petite grotte très curieuse en ce genre où les profanes n'entrent pas, car elle est défendue par un grillage. Des stalactites qui ont plus d'un mètre de long, pendent en rangs pressés des voûtes, leurs tubes droits et creux ressemblent assez à des bougies rangées avec symétrie ou à de gigantesques tuyaux de pipes.

Après avoir jeté un rapide coup-d'œil sur l'Etablissement de MM. Vernière et Salveton, nous montâmes à l'église qui excitait vivement notre curiosité.

Située au sommet d'une colline, cette église a une grande analogie avec celle de Notre-Dame du Port que nous avions vue à Clermont. Mais elle est beaucoup plus ancienne, car elle paraît remonter au VIIe siècle, tandis que Notre-Dame du Port a été rebâtie au IXe siècle seulement.

C'est un morceau d'architecture très curieux et très rare, qui a été jugé digne d'être classé parmi les monuments historiques de France. Tout dans son intérieur y trahit l'enfance de l'art et y respire un air d'étrangeté. Les colonnes du chœur sont surmontées de curieux chapiteaux, qui représentent l'histoire de la Passion de Jésus-Christ exécutée avec une naïveté toute primitive.

Le maître-autel a la forme d'un quarré-long et sans grâce, orné d'un beau crucifix Byzantin du Xe ou XIe siècle. C'est avec un précieux reliquaire en cuivre doré, que l'on suppose avoir été rapporté des Croisades, ce que l'église renferme de plus intéressant sous le rapport purement artistique.

En parcourant les voûtes de cette antique basilique dont le bizarre badigeon s'harmonise grossièrement avec son style architectural, on se croirait transporté dans un des temples des premiers fidèles de l'Ère Chrétienne. Les inscriptions presque hiéroglyphiques tant elles sont anciennes, qui sont derrière l'autel, et surtout la pierre près du bénitier qui est usée de plusieurs centimètres, attestent sa vétusté.

Cette église possédait autrefois deux clochers, l'un d'eux a été abattu, celui qui reste est octogone et couvert en pierres de taille. Une galerie en pierre sculptée règne sur l'arête principale.

Les ruines de l'ancien château qui était voisin de l'église ont été démolies récemment par M. Serre.

De là nous allâmes au mont Cornador, où

nous vîmes de grandes excavations que l'on suppose avoir été pratiquées comme lieux d'approvisionnements ou de refuge, et où l'on peut maintenant mettre à l'abri des troupeaux. Après avoir examiné avec intérêt le *Dolmen* ou autel druidique qui est encore très bien conservé, et donné un dernier adieu au sommet fleuri du puy d'Eraigne, il fallut penser au retour. Nous aurions bien vivement désiré visiter encore dans les environs, la Cascade de Saillans, Verrière, la Roche Longue, et la Tour Branlante, mais le temps nous manquait. Nous reprîmes, pour revenir au Mont-Dore, le même chemin que la veille, ce qui ne fut pas sans charmes, car lorsque nous eûmes dépassé Sachapt, les ruines du château de Murol nous apparurent dans toute leur beauté. Embrasé, comme il l'était alors par les feux du soleil qui inondait de ses brûlants rayons ses portes et ses fenêtres béantes, on eût dit qu'un vaste incendie finissait de dévorer les restes noircis du vieux Géant féodal.

# RANDANNE.

## LE COMTE DE MONTLOSIER. — SON TOMBEAU.

---

Il n'est pas de plaisirs éternels en ce monde, cette vieille maxime appliquée à notre séjour au Mont Dore, était cependant pour nous assez consolante. Nous avions épuisé la visite de ces beaux sites que l'avare nature couvre pendant trop longtemps de son manteau de neige, et si ce ne fut pas sans quelque tristesse pour nous que sonna l'heure du départ, ses nuages se dissipèrent bientôt, car le retour à Clermont par Randanne devait nous initier à de nouvelles surprises. Nous tenions doublement à prendre cette route qui, pendant toute la belle saison, est desservie par un service régulier, d'abord parcequ'elle est plus courte de 15 kilomètres que celle par Rochefort, et surtout parce qu'elle devait nous procurer l'insigne honneur d'aller saluer les restes du comte de Montlosier. C'est un pélerinage que nous tenions beaucoup à accomplir.

Après avoir dit un dernier et mélancolique adieu à la région boisée du bois de la Chaneau, le chemin qui tourne à gauche nous eut bientôt conduit, à travers un paysage bien triste, au pauvre petit hameau de Pessade d'où nous descendîmes à Randanne bâti non loin du Puy verdoyant de Montchaud. Comme nous avions hâte d'aller visiter le tombeau de M. de Montlosier, nous eûmes bientôt terminé le maigre déjeuner qui nous fut servi à l'unique auberge du village, dans une chambre haute qualifiée pompeusement de salon, quoi qu'elle ne fût ornée que de planches et de solives de sapins à peine dégrossies. L'intimité toute égalitaire qui y régnait entre les voyageurs, les chiens et les mouches du lieu faisait vraiment plaisir à voir.

Le château de Randanne est une construction moderne élevée par M. de Montlosier ; il se compose d'un corps principal flanqué de deux pavillons sur lesquels grincent à qui mieux mieux deux girouettes à flammes rouges. Tandis que, guidés par un serviteur du château, nous nous dirigions vers un bois de bouleaux, de mélèses et de sapins dont les allées, sinueuses et accidentées comme celles d'un jardin anglais, conduisent en peu de temps vers le lieu de sépulture ; un de nos compagnons nous fit cette rapide esquisse de la vie et les ouvrages de M. de Montlosier.

François Dominique de Reynaud, comte de *Montlosier*, naquit à Clermont le 16 avril 1755, homme d'imagination vive, d'un caractère indépendant qui frisait presque la sauvagerie, il fut élu membre de l'Assemblée Constituante ; mais, après avoir émigré, il se retira à Londres où il fonda un journal, *le Courrier de Londres*, qui eut alors un grand succès. Consulté fréquemment par Napoléon sur des questions fort délicates, il composa sous l'Empire son ouvrage intitulé le *Livre de la Monarchie Française*, qu'il ne publia que sous la Restauration. Il se fixa alors à Paris, qu'il ne tarda pas à quitter, ennuyé qu'il était de la situation politique, pour revoir sa chère Auvergne, et s'isoler dans les terrains déserts et incultes de Randanne, où il employa toute sa force de volonté et sa fortune à féconder ce sol ingrat. C'est là qu'il se plaisait à recevoir avec une touchante cordialité la visite de tous les étrangers distingués qui allaient au Mont Dore. Il paraissait entièrement absorbé par ses créations agricoles, lorsque l'influence toujours croissante du parti prêtre vint le lancer de nouveau dans l'arène brûlante de la polémique, et donner au monde un spectacle aussi singulier qu'inattendu. Les Jésuites dont l'audace croissante menaçaient de tout envahir, trouvèrent en lui, homme d'une piété fervente, un terrible adversaire. Malgré l'ardeur toute chrétienne de sa foi, sa conscience se révolta et il leur déclara une guerre acharnée qui lui conquit rapidement la popularité.

Après la chute de la Restauration, le gouvernement de Juillet qui avait ses sympathies le créa Pair de France en 1832. Son concours ne fut pas inutile à la noble chambre dont, malgré son grand âge, il éclairait les discussions par ses opinions toujours si indépendantes et si originales. Au moment de mourir, il donna au monde un beau spectacle en persistant dans ses doctrines. Le parti prêtre voulut en vain lui imposer ce désaveu, le courageux vieillard refusa énergiquement de se rétracter et de déshonorer sa vie si pure par une apostasie. Ce fut, pour le punir de sa fermeté qu'on lui refusa les derniers secours de la religion et les honneurs de la sépulture écclésiastique. Mais ses nombreux amis et la foule immense qui accompagnaient son convoi à Randanne, le vengèrent dignement de ces misérables rancunes, indignes du siècle où nous vivons, indignes surtout d'une religion de tolérance et de charité!

. . . . . . . . . . .

En ce moment nous arrivions vers un parterre au milieu duquel s'élève, dans une mystérieuse solitude, le monument où reposent les restes de M. de Montlosier.

Ce monument de style gothique avait été élevé par les soins de M. de Montlosier bien longtemps avant sa mort. Au milieu du fronton qui est surmonté d'une croix, on lit cette inscription gravée sur une pierre noire:

F. D. de R.

COMTE DE MONTLOSIER

Mort le IX Xbre 1838.

Rien n'est plus simple que la chapelle funéraire éclairée par la pâle lueur d'une lampe. Sur le tombeau est placée une sainte-Vierge derrière laquelle est une croix de bois noir avec cette inscription devenue fameuse : *C'est une croix de bois qui a sauvé le monde.*

Noble et touchante pensée bien digne de l'homme éminent, du penseur original, qui, aux pompes vaniteuses des sépultures des grandes cités, avait préféré le calme de cette Thébaïde chérie dont la mort elle-même ne put le séparer.

Après quelques instants de pieuse méditation devant ce mausolée, nous quittions Randanne, en traversant un charmant bois de bouleaux dont la blanche pelure mouchetée comme celle d'une hermine et le feuillage tendre et léger, contrastaient agréablement avec la route et les rochers volcanisés que nous parcourions.

Non loin de Randanne, se trouvent les Puys de Lassolas, de la Vache, et de Charmont, dignes de l'attention des géologues, ainsi que le lac et le village d'Aydat, rendus célèbres par le séjour de Sidoine Appollinaire.

Il fallut bientôt dire adieu à toute cette cette région de montagnes si curieuses, si exceptionnelles et si sauvages; et ce fut presque à regret, faut-il le dire, que nous aperçumes le vaste bassin vinicole, au milieu duquel Clermont étalait à nos yeux, ses toits de briques dont la rougeur semblait triplée sous les rayons vermeils du soleil couchant.

# RENSEIGNEMENTS

UTILES

## AUX TOURISTES ET AUX BAIGNEURS

RECUEILLIS

Par un homme positif.

# RENSEIGNEMENTS UTILES.

## ITINÉRAIRE

### De Vichy au Mont Dore.

---

De Vichy à Gannat          2 heures.
De Gannat à Aigueperse      1 h.
D'Aigueperse à Riom        1 h. 30 m.

*A Riom. — Hôtel du Palais.*

De Riom à Clermont         1 h. 15 m.

*A Clermont—Hôtel de France tenu par M. Chocot.*

M. SCHREIBER, libraire rue St-Esprit, éditeur de vues et costumes d'Auvergne, dépositaire des Pétrifications de St-Nectaire de M. Serres.

| | |
|---|---|
| De Clermont à la Barraque | 2 heu. |
| De la Barraque à Rochefort | 3 heu. |

*A Rochefort — Hôtel Lassalas.*

| | |
|---|---|
| De Rochefort au Mont Dore | 3 h 30 |
| Du Mont Dore à Randanne | 3 heu. |
| De Randanne à Clermont. | 2 heu. |

### Hôtels du Mont Dore.

AVEC LEURS PRIX PAR JOUR.

La plupart des Hôtels possèdent des pianos.

| | |
|---|---|
| Hôtel Chabory ainé | 8 fr. |

Plus 20 francs de service pour la saison.

| | |
|---|---|
| Hôtel de Paris, tenu par Chabory-Bertrand | 8 fr. |

20 francs de service.

Hôtel Bellon     7 fr.

15 francs de service.

Hôtel Boyer     7 fr.

15 francs de service.

Hôtel Baraduc Lyonnais     5 fr.

10 francs de service.

Hôtel Parisien     5 fr.

10 francs de service.

Hôtel du Balcon, tenu par Taché, depuis     6 à 8 fr.

Service à part.

Hôtel Cohadon-Bertrand     5 fr.

10 francs de service.

Hôtel Bruguière     5 fr.

10 francs de service.

Hôtel Chabosson     5 fr.

10 francs de service.

Hôtel du Nord et café     4 fr.

Hôtel et restaurant Chabory-Cohadon, bureau de tabac, on y mange à la carte depuis 5 fr. et au-dessous.

Hôtel Gilbert     5 fr.

Et au-dessous.

*Principales maisons garnies.*

Ramade aîné, au cabinet de Lecture, Cohadon, Chabory, tenu par Bellon, Ramade jeune.

RENSEIGNEMENTS UTILES. 231

*Maisons garnies secondaires.*

Bruguière, Landouze, veuve Gendre, Baraduc, Deliat, Boulcy, Boyer cadet, Boyer, boulanger, Bessière Chanonain.

*Bureau de poste.*

Le service des dépêches est fait en été par un courrier à cheval.

# ÉTABLISSEMENT THERMAL.

### SERVICE MÉDICAL.

Inspecteur de l'établissement thermal, M. le docteur Bertrand père.
Inspecteur adjoint, M. le docteur Bertrand fils.
Médecin attaché à l'établissement, M. Chabory.
Régisseur, M. Taché.
Conservateur, M. Vigerie.
Contrôleur, M. Manzant.

### POLICE, BAINS, ETC.

Par arrêté de M. le Préfet du Puy de Dôme, du 26 juin 1849, la police médicale des eaux du Mont Dore, est dévolue au médecin inspecteur, qui assigne l'heure des Bains et Douches.

Un autre arrêté du même jour dont sont extraites les dispositions ci après, règle le service de l'Etablissement :

§ 1. *Tarif de l'administration des eaux.*

Les rétributions à percevoir pour la délivrance des eaux minérales ou l'administration des bains, douches, etc., sont réglées conformément au tarif qui suit :

Il sera perçu :

| | | |
|---|---|---|
| 1º Pour un bain pris dans le pavillon ou la grande salle des bains. | 1 | » |
| 2º Pour une douche dans les mêmes locaux | 1 | » |
| 3º Pour une douche de vapeur | 1 | » |
| 4º Pour une douche d'injection interne | 1 | » |
| 5º Pour un bain de vapeur | » | 50 |
| 6º Pour l'admission d'un malade dans la salle d'aspiration | » | 50 |
| 7º Pour une douche dans la salle des piscines | » | 40 |
| 8º Pour un bain particulier dans le même local | » | 40 |
| 9º Pour la boisson des eaux pendant une saison | » | 75 |
| 10º Pour un bain de pieds dans l'établissement | » | 15 |
| 11º Pour un bain de pieds à domicile | » | 25 |

Les bains pris dans les deux grandes piscines sont gratuits pour tous les malades indistinctement.

## § 2. *Rétributions dues aux gens de service.*

Les malades traités dans la grande salle ou dans le pavillon paieront, pour la durée de la saison, aux baigneurs 3 »

Aux baigneuses 3 »

Les personnes qui prendront moins de 10 bains doivent au servant, pour chaque bain » 20

Pour 10 bains et au-dessus, on devra le prix entier du tarif.

Au chauffeur de linge pour une serviette » 10

## § 3. *Baigneurs et baigneuses attachés au service des piscines.*

Chaque personne doit aux baigneurs ou baigneuses, pour une saison 1 »

Les militaires (sous-officiers et soldats) et les indigents sont exempts de cette rétribution.

## § 4. *Porteurs.*

Il est dû aux porteurs, pour chaque course 50

La course comprend l'obligation d'aller chercher et de rapporter chaque personne dans sa chambre.

Les porteurs sont tenus de faire gratuitement ce service pour les militaires et les indigents que l'inspecteur déclare être dans l'impossibilité de se rendre à pied aux bains.

### § 5. Perception des rétributions dues aux gens de service.

Les rétributions dues aux porteurs, baigneurs ou baigneuses, seront perçues par le régisseur, il est défendu à tous les employés, sous peine d'exclusion immédiate, de demander aux personnes qu'ils ont servies aucune rétribution à titre d'étrennes, gratifications ou pour-boire.

### Eaux emportées.

Les demandes sont faites directement au Régisseur, qui perçoit pour chaque vase provenant des magasins de la régie, bouché, goudronné et portant l'empreinte d'un cachet, au millésime de l'année courante.

| | |
|---|---|
| 1° Pour chaque litre | 60 c. |
| 2° Pour chaque demi-litre | 50 c. |
| Pour chaque quart de litre | 45 c. |

### Salon de l'Établissement.

On y trouve les journaux, un piano, un billard, etc.

Prix de l'abonnement pour la saison :

| | |
|---|---|
| Un homme | 10 fr. |
| Une dame | 5 fr. |
| Une mère et ses filles | 10 fr. |
| Un père et ses filles | 15 fr. |
| Une famille entière | 20 fr. |

RENSEIGNEMENTS UTILES.   235

*Porteurs, guides et chevaux.*

Les prix sont en général raisonnables, ils varient suivant la longueur des courses et l'état atmosphérique.

### PROMENADES ET EXCURSIONS.

Temps moyen employé pour les faire :

#### 1°

Du Mont Dore à la cascade du Rossignolet, en passant la rivière pour aller voir la cascade en face.   **1 h.**

De la cascade du Rossignolet à la cascade de Quereuilh, en traversant le pont jeté par-delà sur la rivière.   **12 m.**

De la cascade de Quereuilh au Mont-Dore, en revenant par la route de Randanne.   **1 h. 15 m.**

(Nota.) Il y a un petit chemin charmant en côtoyant le ruisseau par lequel il faut 5 minutes de plus.

De la cascade de Quereuilh au Mont-Dore, par la montagne du Barbier et celle de l'Angle.   **1 h. 30 m.**

#### 2°

Du Mont-Dore au salon du Capucin.   **45 m.**
Du salon au pic du Capucin.   **40 m.**
Du pic du Capucin au bord de la val-

lée de la Cour en passant par le Puy d'Uclergue. 1 h. 20 m.

Du bord de la vallée de la Cour au Mont-Dore. 2 h.

### 3°

Du Mont-Dore au salon de Mirabeau. 25 m.

Du salon de Mirabeau à la cascade de la Vernière. 30 m.

De cette cascade à celle du Plat à Barbe. 10 m.

Du Plat à Barbe à la grande Scierie. 25 m.

De la grande Scierie au salon du Capucin. 30 m.

### 4°

Du Mont-Dore à la Bourboule, en passant par Genestoux et le lit de la Dordogne. (à cheval). 45 m.

Du Mont-Dore à la Bourboule, en passant par Murat. 1 h. 15 m.

(Cet itinéraire est peu visité.)

De la Bourboule à la roche des Fées. 15 m.

De la roche des Fées à la roche Vendeix 40 m.

De la roche Vendeix au Mont-Dore. 1 h. 30 m.

### 5°

Du mont-Dore au bas de la grande Cascade. 25 m.

| | |
|---|---|
| De cette cascade à la gorge d'Enfer. | 45 m. |
| De la gorge d'Enfer à la cascade du Serpent. | 10 m. |
| De cette cascade au Pic de Sancy. | 45 m. |
| Du pic de Sancy au Mont-Dore. | 1 h. 30 m. |

### 6°

| | |
|---|---|
| Du Mont-Dore à Vassivières. | 3 h. |
| De Vassivières au lac Pavin. | 30 m. |
| Du lac Pavin au creux de Soucy. | 25 m. |
| Du creux de Soucy à Besse. | 1 h. |

### 7°

| | |
|---|---|
| De Besse à l'entrée de la vallée de Chaudefour. | 1 h. |
| De l'entrée de la vallée à la Pierre de la Rancune. | 30 m. |
| De la pierre de la Rancune au Mounaux. | 40 m. |
| Du Mounaux au Mont-Dore. | 1 h. 10 m. |

### 8°

| | |
|---|---|
| Du Mont-Dore au lac Guéry. | 1 h. 30 m. |
| Du lac Guéry aux roches Tuilière et Sanadoire. | 15 m. |

### 9°

| | |
|---|---|
| Du Mont-Dore au village de Murol. | 2 h. 30 m. |
| De Murol au lac Chambon. | 30 m. |

Du lac Chambon à St-Nectaire.     1 h. 20 m.

## 10°

De St-Nectaire au Mont-Dore, en voiture.     4 h.
A cheval.     3 h. 30 m.

*Observation Essentielle.*

Les promenades éloignées du Mont-Dore de plus d'une heure, sont censées faites à cheval ou en voiture, tandis que les autres sont censées faites à pied.

Le perfectionnement de la route par Randanne, et la route projetée du Mont-Dore à la Tour, qui sera desservie par le nouveau pont sur la Dordogne, élevé par les soins du maire M. Chabory, rendront encore plus faciles et plus attrayants les environs du Mont-Dore pendant la belle saison.

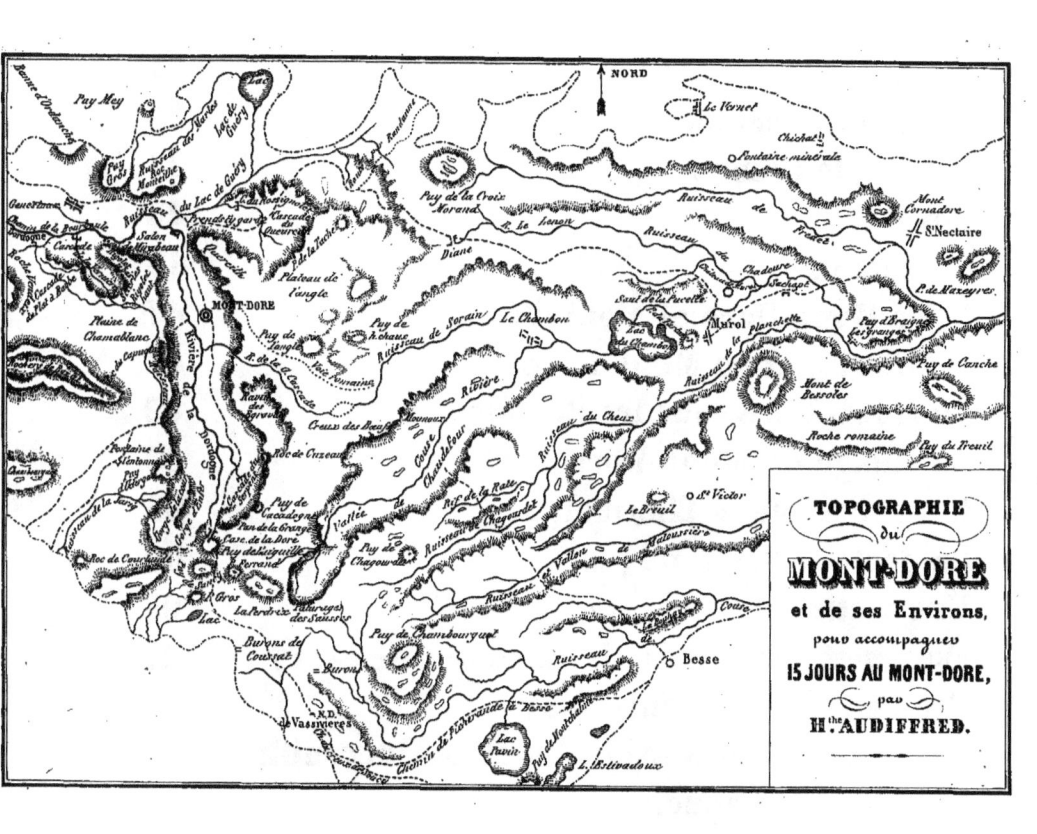

# TABLE.

| | |
|---|---|
| Exorde, | 1 |
| Gannat, | 5 |
| Aigueperse, | 11 |
| Riom, | 17 |
| Clermont-Ferrand, | 25 |
| Le Puy de Dôme, | 38 |
| Royat, | 43 |
| Fontanat, | 46 |
| Il y a Mont-Dore et Mont-d'Or, | 47 |
| De Clermont au Mont-Dore, | 52 |
| Le Mont-Dore sous les Romains, | 59 |
| Le village du Mont-Dore, | 69 |
| L'Établissement Thermal, | 83 |
| Le docteur Bertrand, | 90 |
| Une victime ! | 93 |
| Mœurs et coutumes, la duchesse de Berry, | 127 |
| Promenades et excursions, | 135 |
| Les cascades du Rossignolet et de Quereuilh, | 137 |
| Le salon du Capucin, | 142 |
| Le vallon de la Cour, | 147 |
| Le salon de Mirabeau, | 149 |
| La Vernière, | 151 |
| La Cascade du Plat à Barbe, | 153 |
| La grande Scierie, | 155 |
| La Bourboule les Bains, | 157 |

## TABLE.

| | |
|---|---|
| La Roche Vendeix, | 162 |
| La grande Cascade, | 167 |
| La Gorge d'Enfer, | 171 |
| Le Pic de Sancy, | 174 |
| Le Puy Ferrand, | 181 |
| Vassivières, | 183 |
| Le lac Pavin, | 185 |
| Besse, | 187 |
| La Vallée de Chaudefour. | 192 |
| Le lac Guery, | 196 |
| Les Roches Tuilière et Sanadoire, | 198 |
| Le lac Chambon, | 201 |
| Le Château de Murol, | 205 |
| Saint Nectaire, ses eaux minérales et incrustantes, | 209 |
| Randanne, le Comte de Montlosier, | 218 |
| Renseignements utiles aux touristes et aux baigneurs, | 227 |
| Prix des Hôtels du Mont-Dore, | 229 |
| Etablissement thermal, service, etc., | 231 |
| Promenades et Excursions, | 235 |

Chalon s/S, typ. Montalan.